西洋音楽史を聴く

バロック・クラシック・ロマン派の本質

前川誠郎

講談社学術文庫

はじめに

私は音楽に関しては全くのディレッタントであって、レコードを愛聴する以外に専門的な勉強をしたことがない。しかし美術史を専攻するものの一人として、その姉妹と言うべき音楽史に対しては長らく多少の関心を抱いてきた。殊に美術よりも先に音楽に親しんだ私にとっては、音楽を通して美術を理解する便宜を得たことも稀《まれ》ではなかった。しかし独り歩きで音楽史を勉強してみて感じたのは、例えばバロック→クラシック→ロマン派→後期ロマン派→二十世紀（現代）といった時代区分が私には何とも分かり難いことであった。音楽史は美術史に倣《なら》って組み立てられ、同じ名称の概念を使っているにも拘《かかわ》らず、それらの内包が違うのである。そこでもし私が自分で音楽史を構成してみたらこうもなろうかと考えて書いたのが前著『西からの音――音楽と美術』（彩流社、一九九八年）の第一部「美術史家から見た西洋音楽史」であった。今もその主旨を変える気持はないが、読み返してみていろいろと気になる欠陥があり、それを本書で幾らかなりとも補正を試みたつもりである。殊に大層手古摺《てこず》ったのは、私が固執するごとく十九世紀後半の後期ロマン派の音楽が言葉の正しい意味でのバロック楽であるとするならば、十七、八世紀のいわゆるバロック音楽の本質をどのように理解すればよいのかという点であった。正直なところその問題に正面から取り組むことは私にはとても無理である。そこで十七、八世紀の音楽に際立って特色的なフーガという一つの形式に絞ってそこはかともない感想を述べるに留まらざるを得なかった。命があれば改めて出直すより他に仕方がない。

前著の第二部「私が聴いた歴史的録音」を本書で削除したのは、そこで取り上げられた演奏家が概ね今から六、七十年以前のＳＰレコード時代の人たちであり、如何に巨匠揃いとはいえ現在の若い読者にとっては余りにも馴染が薄いであろうことを顧慮したからである。しかしそれまでの喇叭《らっぱ》に向かって吹き込むアクースティック式から、新開発の真空管を用いる電気式への切替えという録音技術の革命的な進歩と軌を一にして、指揮者ではトスカニーニやフルトヴェングラー、ヴァイオリンではクライスラーやハイフェッツ、ピアノではコルトーやシュナーベル、そしてチェロのカザルスなどといった巨星たちが、いずれも演奏者としてのアクメを迎えていたまさにその時期（一九二六—四〇年）に旺盛な録音活動を行って、空前絶後とも言うべきレコードの黄金時代を築いたことは銘記するに値する。それは現在においても彼らの演奏の復刻盤が不死の輝きを放って生き続けていることからも瞭《あきら》かである。

　率直に言うならば、私は音楽そのものよりもレコードを愛したのかも知れない。赤や青のラベルで装った鈍く黒光りのする一枚の円盤がどれほど若き日の私を魅したかは、説明する言葉に窮する。それは西方の息吹を遠くから搬《はこ》んでくる使者であった。

Die Taubenpost（鳩の便り）

Drum heg' ich sie auch so treu an der Brust,
Versichert des schönsten Gewinns;
Sie heißt die Sehnsucht! Kennt ihr sie?
Die Botin treuen Sinns?

だから僕も一番素敵なものを手に入れて、
鳩をしっかりと胸に抱きしめる。

その鳩の名は憧れ。知っていますか?
忠実な心をもったこの使者を?

シューベルトの最後の作品と言われるこの歌(『白鳥の歌』第十四曲)の天衣無縫のメロディは、私とレコードとを結ぶ切っても切れない絆である。西への憧れ、それが私の生涯を規定した。私にとってその西とはどこよりもドイツであった、言葉も音楽もはた美術も。興味がドイツへ偏りすぎて他の国々のことが手薄になったが、音楽に関してはそれで良かったのだと思っている。

八十六叟　前川誠郎

平成十八年孟春

目次

西洋音楽史を聴く

西洋音楽史を聴く

バロック・クラシック・ロマン派の本質

第一章　バロックからクラシックへ

美術史からみるとき、その分身とも言うべき音楽史の時代区分は甚だ分かりにくい。符丁で話をしているのではないかと思えるほどである。例えばバロック音楽とは美術史上バロックと呼ばれる十七、八世紀に作られた楽曲を意味している。即ちバロックの語は時代概念として使われ、その画期は一般的に一六〇〇—一七五〇年とされる。しかるに十八世紀の最終四半期あたりから次の世紀の第一・四半期へかけてのハイドン、モーツァルト、ベートーヴェンらの音楽はクラシックと呼ばれるが、そのときのクラシックとは時代ではなくて形式あるいは様式概念である。

ではなぜバロックという言葉を音楽史では様式概念として使わないかと言えば、広く芸術史、ことに美術史ではバロックをクラシックの発展的解消段階として捉え、バロックからクラシックへの逆行現象はあり得ないと考えるからである。しかも古典的美術はその先行段階として初期クラシックの時代を経過し、また究極的にはギリシャ・ローマの古典古代にまで遡るとする造形思想に由来している。しかるに音楽史ではそこへと帰結すべき古代を持たない。アポロがリラ（ハープ）を弾き、パンがシリンクスを吹いたとしても彼らの音楽の実体は分からない。つまり音楽では美術史的な意味での古典主義は成立しようがないのである。従ってまたその発展形態としてのバロックもあり得ず、在るのはバロック時代、即ち十七、八世紀に作られた音楽が、ただ時代を同じくするということの故に、実は他者の名を借りて存在するに過ぎないのである。

ではいわゆるバロック音楽とは何か。百五十年間の音楽を一言で規定することは難しいが、強いて割り切るならばそれは器楽（ソナタ）よりも声楽（カンタータ）に比重の掛かったポリフォニー［多声音楽］であった。しかしその末期、つまり十八世紀へ入るころから次第に声楽よりも器楽へと重点が動き、またポリフォニーからホモフォニー［和声音楽］への移行が顕在化してくる。このようなバロック音楽からクラシック音楽への変化の時期に現われてその受け渡しを確実なものにした芸術家の中でも傑出した巨人が大バッハとヘンデルの二人であった。

私は両者の名を聞くとブルネレスキ、ドナテルロ、あるいはヤン・ファン・アイクなどといった十五世紀初頭の大美術家を想起する。彼らは十四世紀の末、ゴシックの終末期に成人し、十五世紀とともに活動を開始して、あるいは初期ルネッサンス美術の基盤を据え、あるいは徹底した写実の極致と言うべき油彩技法の開発を行った人たちである。一方バッハ、ヘンデル、それにヴィヴァルディといった音楽家はいずれもおよそ十七世紀の末つ方にこの世に生を享《う》け、十八世紀の到来とともに従来のバロック楽を整理統合しながらクラシックへの道を拓いていった。十五世紀と十八世紀の違いはあってもそれぞれに新世紀の初頭に当たって彼らの芸術的アクメを迎えた点において、上記の人々は軌を一にしている。

七十有余年間ただレコードを通じて音楽を聴いてきたというだけの一アマチュアの私には、自分が専攻した西洋美術史に擬《なぞ》らえることによってのみ音楽史を少しなりとも理解できるように思われる。私がレコードに親しみ始めた一九三〇年代の一般のファンにとってはバロック音楽は、バッハとヘンデルとを除いて、殆《ほとん》ど識《し》られることはなかったと言ってよい。ヴィヴァルディとてその例外ではない。彼の代表作《四季》が爆発的な人気を博したのは戦後のことである。それまでコンチェルト・グロッソ［合奏協奏曲］といえば、バッハの《ブランデンブルク協奏曲》とヘンデルのOp.6

だけが録音されていた。

バッハ

ヨーハン・セバスティアン・バッハ（一六八五―一七五〇）はさすがに大巨匠だけあって、無伴奏ヴァイオリンのための《ソナタとパルティータ》、同じく無伴奏チェロのための《組曲》、そしてまた《平均律クラヴィーア曲集》や《フーガの技法》、さらには《マタイ受難曲》など大曲の全曲盤がすでに存在していた。いずれも若い私には大層難解であったが、一九五七―五八年の最初のドイツ滞在中いろいろなバロック建築を見て歩いている間に、いつとはなしに同時代の音楽との相似性を感じるようになった。例えば私が住んだミュンヘン近在のヴィースの巡礼教会堂の内部空間の構成や装飾から、私はふとバッハのフーガを想起した。何ゆえであろうか。思うにそれは楕円曲線を根幹とする建築原理や唐草文を主潮とする装飾形態が、互いに追いつ追われついつ果てるともしれない流動感をもって空間を満たしている状《さま》が、ricercare（追い求む）とかfugare（逃がす）などの言葉への連想に繋がるからであろう。濃厚甘美な砂糖菓子を想わせる南独ロココ（末期バロック）建築の構成の裏には周到な数学的計算が潜んでいる。そしてそれはまた平均律等の音楽理論の探求にも一脈通じるのである。

ヴィース巡礼教会堂の完成は一七五四年であり、地理的に見てもバッハがそこへ行ったはずはない。しかし一七四七年五月、六十二歳の老バッハは、次男のエマヌエルが楽団員として久しく仕えているプロイセン国王フリードリッヒ二世（大王）をポツダムの王宮に訪れた。時あたかも別荘サン・スーシ宮の竣工の年であったが、五月という季節を考えるとバッハが伺候したのは市街地の王宮であったろう。サン・スーシ宮は夏の宮殿として王自身が建築家クノーベルスドルフとともに設計に当たったことでも知られる北独ロココの名作である。

バッハは王の御前で恐らくチェンバロに向かい、王が与えた主題に基づいてリチェルカーレ（フーガの一種）の即興演奏を行った。そして二ヵ月後にはそれを譜面に仕立て、さらに各種のカノンやフーガ、またフリュートのためのトリオ・ソナタを付け加え、《音楽の捧げもの（Musikalisches Opfer）》と題して王に献呈した。Opfer は Widmung（ともに贈り物の意）とは違って「苦痛を忍んで神へ捧げる施物」の意味であり、この言葉を択《えら》んだことに老巨匠の容易ならざる心構えがあるように私には感じられる。専制啓蒙君主フリードリッヒ大王は自身フリュートを能《よ》くしたが、音楽家としての好みは保守的であった。さればこそ来訪したバッハにリチェルカーレの即興制作を希望したのであったろう。しかし王に仕える次男のエマヌエル・バッハは新興のホモフォニーへと傾き、主君とは必ずしも相容れなかった。その間の事情を察していたであろう老父は、長い歳月をかけ彫琢《ちょうたく》の限りを尽くして来たポリフォニーの真髄を王に献じて歓迎を謝するとともに、息子への庇護をも願ったのではなかったのか。そして《音楽の捧げもの》は三年後に未完で残された《フーガの技法》へとそのまま結び付いたのである。

ポツダム王宮はサン・スーシ宮と前後してクノーベルスドルフの手で改築を受けた。正面車寄せの壮大なコロナーデ（円柱廊）は、言わずと知れた英国経由のパラディオ流の古典主義である。つまりバッハ来訪時のポツダムはバロックの終焉と古典主義のはしりとを明示する街の佇《たたずま》いを見せていたのである。しかし王宮は第二次大戦後に取り毀《こわ》され、今ではやや小ぶりのコロナーデをサン・スーシ宮で見ることができる。それは晩年の大バッハを迎えるのに極めて象徴的な ambiente（環境）であった。

私は西洋音楽史においてもバロックの語を時代概念ではなく、その本来の意味である様式概念として使いたいので、バッハ、ヘンデル、ヴィヴァルディ、スカルラッティといった人々の音楽をバロックと呼ぶことに大きな抵抗を覚えるものであるが、十七、八世紀即ち美術史上のバロック時代の音楽という意味での「バロック音楽」の呼称はすでに余りにも一般化しまた定着していて、今さらこれを別の呼び名に変えることはもはや不可能に近くなっている。しかしその現在においても、いわゆる「バロック音楽」の本質は何か、と問うこと、否、もっと端的にバッハやヘンデル等の音楽の特色は何かを考えてみることは決して無意義ではあるまい。

適確な音楽用語を使ってそれを説明することは私には出来ないので、彼らの音楽を聴いて私が感じることを幾つか列挙するより他に手はない次第であるが、最も特色的と思われるのは彼らが愛好したフーガである。フーガはバロック以後も、モーツァルト、ベートーヴェン、ブラームス、レーガーなどからショスタコーヴィッチやピアニストのグレン・グールドに至るまで多くの作曲家が手掛けているように、ひとつの技法に過ぎないとは言え、バッハやヘンデルのフーガを聴いてから例えばベートーヴェンの弦楽四重奏曲《大フーガ》（Op.133）に接すると、それが如何に力作であろうと、もうフーガの時代は終わったとの印象はどうしても否めない。聴く人を躍動させる内からの活気が消えて、ただ複雑極まりない技巧だけが目立つのである。

私が少年の頃レコードを通して最初に接したフーガは、レオポルド・ストコフスキー（一八八二―一九七七）がオルガン曲から管弦楽に編曲し自ら手兵のフィラデルフィア管弦楽団を指揮したバッハの《トッカータとフーガ　ニ短調》（BWV 565）であったが、そこから受けた強烈なインパクトは七十年後の今も耳朶《じだ》から消えることはない。それはストコフスキーの魔術のなすところではなく、一にも二にもバッハのフーガの力強さの故なのである。彼の代表的なピアノ曲集である二巻の《前奏曲とフーガ》（BWV 846–869, 870–893）、いわゆる《平均律クラヴィーア曲集》には、各巻二十四曲のフーガがこれに配する前奏曲と組み合わされていて、前奏曲はフーガを導くための指慣らし的な役割を担っているとの印象を受ける。もしそうであるとするなら前奏曲の自由で多彩な楽想は、厳格な規律に従って多声部を組み合わせたフーガに依って締め括《くく》られてこそ音楽として完結するのであると、バッハや彼の同時代の人々は考えていたのではなかったのか。しかし彼の没後その息子たちからハイドン、モーツァルト、若きベートーヴェンらの芸術であるクラシック楽を経て、ロマン派へ至る半世紀余りの時間の経過の間に、前奏曲とフーガとの比重が次第に逆転し、瞭《あきら》かにバッハを念頭において書かれたと思われるショパンの《二十四の前奏曲集》（一八三九年出版）ではフーガは完全に姿を消して了《しま》うに至る。

それは何故かと考えてみても、時代や嗜好の変化としか言いようがないのかも知れない。しかし私は次のように思うのである。即ち、それは神がいるか、いないかの違いから生じた変化であると。同じ旋律を次々と別の声部へ受け渡して行くフーガは一種の rondo（循環）であって、その動きは横軸に沿った前進ではなく、縦軸をめぐる上方への旋回である。同じく旋回ではあってもロンド舞曲が地面を踏みしめ円環を作って踊るに対し、フーガでは意識は常に天上へ向けられていると言って良かろうか。

西洋の聖堂建築史で言うギリシャ十字形（円堂）とラテン十字形（長堂）の違いにも似た相違が、いわゆるバロック音楽とそれ以降のクラシックやロマンティック音楽との間に認められるように私は思う。形式名称としてのソナタ（元来は声楽のカンタータに対する器楽の意味であった）にしても、バロック期の教会ソナタでは緩急緩急という安定した四楽章構成がとられているのに対し、クラシック楽以降のソナタでは急緩急の三楽章制が楽曲構成の基本となり——四楽章の場合はそのうちの一つ（多くは第三楽章）がメヌエットかスケルツォ［諧謔曲］となって楽曲全体に乙張《めりはり》をつける装飾的役割を受け持つので、構成の主体は飽くまでも三楽章制であると見て良い——そこに横軸に沿った前進という運動感がはっきりと認められ、それに対し従前の教会ソナタでは縦の軸線をめぐっての安定した旋回はあっても前方への動きは少ないように私には感じられる。神の姿が薄れそれに代わって人の世となるにつれて、技法を重んじるフーガと自由な楽想の流露を娯しむプレリュード［前奏曲］との相関が逆転し、バロック楽は次第に速度を速めながらクラシック、そしてロマンティックへと様相を変えていくのである。

近頃私は便利になったCDプレーヤーの機能を使い、バッハの《平均律クラヴィーア曲集》全四十八曲からフーガを消して前奏曲だけを取り出し、自分のためのCDを作ってみた。こうしてショパンやスクリャービンにでも接するような気持でバッハのプレリュード全曲を連続して聴いて、あらためて驚嘆したのは、円転滑脱、滾々《こんこん》と湧き出て尽きることのない楽想の豊かさであった。第一巻第一番ハ長調をグノーが借用して自作の歌曲《アヴェ・マリア》の伴奏部に使っていることは良く知られる話柄《わへい》であるが、グノーはそれを清らかな聖母讃歌とはしても舞台の上でグレートヒェンに唱わせるつもりはなかったであろう。ハ長調というすべての調性の基本に対してバッハがあのプレリュードで与えた響きはまさに天籟《てんらい》というより他はなく、確かに神がそこに在《ま》します。しかし四十八曲のすべてが神を讃美する音楽かといえば決してそうではなくて、アルマンドとかクーラントとか、あるいはメヌエットやジーグなどへと発展しうる舞曲的あるいは世俗的モチーフが幾つとなく見出される。それは一つの音楽的宇宙と呼んでも良い広さと深さとをもっている。そしてこの広がりはヘンデルにもヴィヴァルディにも見出すことのできないバッハならではのものである。

私がSPレコードのクラシック楽の魅力にとりつかれ出した一九三〇年代は、ヨーロッパ諸国においてもバッハ復興の気運に大きな弾みがついた時期であった。すでにメンデルスゾーンの提唱などによって緒に就いていたバッハ学は二十世紀の第二・四半期に至ってSPレコードという大きな助っ人を得、ただ楽譜だけではなく実地の演奏を通じて研究が進み、例えばメニューインやシゲーティにより無伴奏ヴァイオリン・ソナタとパルティータが、そしてカザルスにより無伴奏チェロ組曲がはじめて実体を明らかにするに至ったことは銘記に値する。

それから五十年以上が経った今では、日本でもそれらの曲を苦もなく弾く人たちが男女を問わず増えて来ている。まさに隔世の感と言わざるを得ない。

ヘンデル

バッハと奇しくも同年（一六八五）の生まれであるゲオルク・フリードリッヒ・ヘンデルは、バッハと並べて些《いささ》かたりとも引けをとる存在ではなかったが、バッハと最も違う点は一つには修業期に長くイタリアに遊び、二十五歳以降は活躍の場をロンドンに求めた国際人であったこと、そして二つにはオペラ作家であったという点である。即ち彼は天なる神の傍よりもこの世の人間の中に生きることを求めた人であった。有名なオラトリオ《メサイア》にしても宗教音楽というよりはむしろオペラに近い。従って彼の作品には声楽であれ器楽であれ、人間臭が強い。それがまた実に健康である。こういった点では、ヘンデルは同年のバッハよりも三十歳若い後輩グルックに似ていると言えるかも知れない。余りにも有名な《ハレルヤ・コーラス》をはじめ《調子の良い鍛冶屋》、《水上の音楽》、《王宮の花火の音楽》等々一度聴くと忘れられない名旋律の数々をちりばめた彼の作品は、バッハとは一味違った大らかな通俗性に満ちている。

ヘンデルの十二曲の《コンチェルト・グロッソ》（Op.6）をバッハの《ブランデンブルク協奏曲》六曲（BWV 1046–1051）と較べて聴くと両巨匠の個性がよく分かるように思う。ヘンデルが吹き出る楽想を無雑作に摑んで十二曲全体を一気に書き上げたとすれば、バッハは一曲ごとに丹精を凝らし、またフリュート、オーボエ、トランペット、チェンバロの各独奏者の技能をもよく知り抜いて曲作りを進めている。この対比は実に面白い。

幾つかの舞曲を集めて独奏楽器や管弦楽のための組曲とするという作曲技法もバロック期の音楽の顕著な特色の一つかと思う。バッハがヴァイオリン、チェロ、チェンバロのために書いたパルティータ、そしてヘンデルの《鍵盤楽器のための組曲》十六曲などがその代表的作例である。組曲はクラシック楽では姿を消すが、ロマン派へ入ってシューマンの手でバロックとは別の生命を与えられて復活してくる。

先にも述べたようにヘンデルが国際人であったのとは対照的にバッハは生涯ドイツから外へ出ることがなかったが、その彼が《イギリス組曲》、《フランス組曲》、《イタリア協奏曲》などを作り、またヴィヴァルディの作品をいろいろと編曲したりしているところをみると、バッハも決して外国の音楽に対して耳を塞いではいなかったことは瞭《あきら》かである。一方ヘンデルは修業時代にイタリアに学んでコレルリやD・スカルラッティを識り、殊に同年のスカルラッティとは親しくなり、ヴェネツィアでのことと思うが、オルガンとチェンバロの腕比べをして、オルガンでは勝ったがチェンバロでは負けたという伝説が残っている。多分そのような世評を反映した作り話であろうが、十八世紀初頭の当時すでに音楽の分野でも美術に劣らず密接な国際交流があり、しかもともにイタリアが大きな影響力を揮《ふる》っていたことは確かである。

しかしながら所詮南は南、北は北であった。イタリアはベルカント［美しい歌唱］とヴァイオリンの国であって、そこから歌劇と（合奏）協奏曲は生まれても、ソナタや交響曲は育たない。チェンバロでヘンデルに勝ったといわれるスカルラッティは六百曲近くのチェンバロ用ソナタを書いたが、そのソナタというのは短い練習曲のことであって、クラシック楽の基本となる論理的整合性をもったソナタではない。しかしそれが実に美しいのである。その繊細さは荒削りのヘンデルには不似合いであった。感性のイタリアと構成のドイツ、両国はそれぞれ別乾坤《けんこん》を形成している。そしてこれら二つが最も接近したのが他ならぬバロック期であって、それ以後の展開をみると懸隔は急速に拡まるばかりであったと私は考えている。

ハイドン

バロック音楽の時代を一六〇〇―一七五〇年とするなら、それの発展形態であるクラシック音楽は一七五〇年からということになる理屈である。西洋音楽史ではクラシックのあとに直ぐロマン派が来る。その始まりはいつか。ロマン派の代表的な作品で考えてみるとシューベルトの歌曲は絶対に外せないので、この大天才が旺盛な作曲活動を始めた一八一五年、つまり彼十八歳の年をもってロマン派が始まったとすれば、クラシック音楽の時代は一七五〇―一八一五年となる。一八一五年の時点においてハイドン、モーツァルトはすでに亡く、ベートーヴェンが四十五歳で交響曲第八番まで書き上げていた。この人はその後なお十二年を生きるが、晩年の仕事（交響曲、ピアノ・ソナタ、弦楽四重奏曲等）が早くもクラシックの枠を抜け出して他者が容易に踏み込めない独自の世界に沈潜して行ったのはよく識られる如くである。ところで、それは実に音楽自体のバロック的発展であったのではあるまいか。

一七五〇―一八一五年の六十五年間は、これを一つの時代として扱うには長すぎるし、何よりもあまりに多彩である。そこでルネッサンス美術史に倣《なら》って初期クラシックと盛期クラシックに分けるとして、何年をもって区分すれば良いであろうか。それにはさまざまの目安があるが、フランツ・ヨーゼフ・ハイドン（一七三二—一八〇九）がエステルハーツィ家の楽長職につく一七六五年（正確には六六年）ころとするのが最も分かりやすいかも知れない。つまりそれまでの十五年間（一七五〇—六五年）を初期クラシックとするわけである。バッハの息子たちの活躍した時代である。実際またこの年（一七六五年）のハイドンの作品の一つである《交響曲第三十一番「ホルン信号」》などは、なおディヴェルティメント［嬉遊曲］的な要素を残しながらも前代のコンチェルト・グロッソよりは、やがてハイドン自身の手で整備されて行く古典派交響曲へ近い構成と曲想を示し、音楽の世界がすでにバロック期から抜け出したことを語っている。

それからさらに十年後の一七七五年、十九歳のモーツァルトはハイドンが一七七三年に出版した六曲に倣って六つのピアノ・ソナタ（K.279—284）を書く。彼がいわゆる《ハイドン・セット》の弦楽四重奏曲六曲に手紙を添えてハイドンへ献呈したのは再び十年後の一七八五年のことであるが、古典派の化身というべきモーツァルトの背後にはその三十五年の全生涯を通じて常にハイドンの存在があった。ハイドンはモーツァルトの死（一七九一年）後なお十八年をこの世に永らえる。

若きベートーヴェンがボンからウィーンへ移って暫くのち、ハイドンを訪ねてOp.2のピアノ・ソナタ三曲を弾いたのが一七九五年のことで、ハイドンは自分より四十歳近くも若いこの青年がピアノ・ソナタでは《ヴァルトシュタイン》（Op.53）や《アパッショナータ》（Op.57）、交響曲では《運命》（Op.67）と《田園》（Op.68）、またピアノ協奏曲では第四番（Op.58）を書き上げるあたりまで見届けて世を去っていく。それはまさにパパ・ハイドンの名に相応しい生涯であった。盛期クラシックあるいは古典派音楽とはこの人が作り、モーツァルトによって彫琢が加えられ、ベートーヴェンが完成しかつ最後には自らそれを打ち毀《こわ》しもした五十年間（一七六五―一八一五年）三代の芸術であったということになる。

パパ・ハイドンの作品を聴いていつも強く感じるのは、この人は悦びを表現するために音楽を作ったということである。どの曲にも明快な筋が通っていて玲瓏卓犖《れいろうたくらく》としている。その筋とは何かと言えばそれはソナタ形式であると答えたい。《四季》とか《天地創造》などのオラトリオを別にすると、あとは無数と言ってもよい交響曲と弦楽四重奏曲とがこの人の作品の主体をなし、それらの曲の核心を形成するものは、第一および第二ヴァイオリンとヴィオラそしてチェロのクワルテットによって展開される二つの主題の弁証法的（正反合）な絡み合いである。交響曲もまた管弦楽のためのソナタであることをハイドンの作品ほど的確に認識させるものは他にない。

それはモーツァルトでもベートーヴェンでも、否、すべての作曲家についても同じであるはずなのに、特にハイドンの場合その印象が強いのは、彼がこの形式の生みの親あるいは育ての親であるからであろう。どの曲も喜悦に溢れ聴くものを心底から愉しませてくれる。バッハ、ヘンデルのバロック楽からクラシック楽への世代交替を着実に、しかも見事にやってのけたこの人の代表作にもはやフーガは見当たらないのである。

グルック

しかし巨匠ハイドンを考えるときどうしても逸することのできないもう一人の大家がいる。それがクリストフ・ヴィリバルト・グルック（一七一四―八七）で、彼はハイドンより十八年早く生まれ、両者は五十五年間の長きに亘《わた》ってこの世に生を共にした。プラーハ、ミラノ、ローマ、ウィーン、ロンドン、パリ等に跨《また》がる広汎な国際活動はハイドンを遠く上廻っている。しかしハイドンと大きく異なる点は、グルックが徹頭徹尾オペラ作家であったことである。

彼が書いたオペラは優に四十曲以上、そしてそれらの題――《オルフェオとユーリディーチェ》、《イフィジェニー・アン・オーリード》、《イフィジェニー・アン・トーリード》、《アルチェステ》、《イポリット》、《テレマッコ》等々――が示すように、多くはソフォクレス、エウリピーデスらギリシャ古代文学からの翻案を台本としている。即ち文学史上にみられる十七、八世紀の古典主義そのものであり、遍歴時代を長らくイタリアで送ったグルックはバロック・オペラの正統な継承者であった。数ある彼の作品の中で最も有名な《オルフェオとユーリディーチェ》（一七六二年）にしてもこの主題に基づくバロック・オペラはすでにグルック以前に幾つかあったのである（例えばモンテヴェルディやヤーコポ・ペーリのもの）。

これに対しグルックの器楽曲には《二つのヴァイオリンと通奏低音のための六曲のソナタ》（一七四六年、ロンドン刊）があるのみ。他面またハイドンのオペラは今日全くと言ってよいほど上演されないので、両者を直接作品に基づいて比較することは難しい。またオペラだけに絞っても、四十二歳年少のモーツァルトが出ると、そのオペラ・ブッファ［喜歌劇］やジンクシュピール［音楽劇］の面白さの前にグルックのギリシャ悲劇は急速に忘れられて行く。最晩年のグルックはおそらく《フィガロの結婚》（一七八六年）や《ドン・ジョヴァンニ》（一七八七年、グルックの没年）を知っていたと思われる。

　モーツァルトを讃美するあまりその名を借りて自身の名としたドイツ・ロマン派の文学者Ｅ・Ｔ・アマデウス・ホフマン（一七七六—一八二二）は、しかしまた熱烈なグルック・ファンであった。裁判所判事である彼が文壇でも名を上げる契機となった短篇『騎士グルック』（一八〇九年）は、その人の没後二十年余りのドイツにおけるグルック歌劇の置かれた状況を、ベルリンでこの老巨匠にゆくりなくも邂逅《かいこう》するという設定の下に語っている。文中に取り上げられた曲は《イフィジェニー・アン・オーリード》（一七七四年）や《アルミード》（一七七七年）などで、《イフィジェニー・アン・オーリード》の序曲が《イフィジェニー・アン・トーリード》（一七七九年）のそれと差し替えて演奏されるなどという挿話は多分実際にあったことなのであろう。

両方ともグルックは特に序曲（Ouvertüre）と断ってはいないが、《オーリード》の方は《オルフェオとユーリディーチェ》を想わせる清澄かつ纏綿《てんめん》たるグルック節に溢れ、また《トーリード》ではモーツァルトと間違えかねない乙張《めりはり》のきいた活気が満ち、ともに出だしから聴く者の耳を奪って劇中へと惹《ひ》き込まずにはいない。管弦のアンサンブルは絶妙で殊に木管楽器やティンパニーの使い方がうまい。グルックのオーケストレーションはもうバロックとか前古典とかいうものではなくて、ハイドン、モーツァルトに比して毫《ごう》もひけをとらない古典派のそれである。《オルフェオとユーリディーチェ》の序曲にはシンフォニアと記されているが、モーツァルトの初期の短い交響曲の幾つかはまさにこうした歌劇のための序曲であったことを想起させる。モーツァルトはもとより、ハイドンをもって測るにしてもグルックは確かに老人であった。

ウィーンの美術史美術館に彼の肖像画がある。作者はジョセフ・シッフレッド・デュプレッシス（一七二五―一八〇二）といい、パリの宮廷や社交界で活躍した肖像画家で、一七七五年の年記を信ずるならばグルック六十一歳の像である。スピネットに対して坐り、両手を鍵盤の上にかざして左上方を凝視した姿は、曲想を練っていると

デュプレッシスが描いたグルックの肖像
（ウィーン、美術史美術館）

も、また劇の上演を指揮しているとも取れる。実際の年齢よりはすこし若く、つまり理想化して描かれているのは当時ならずとも肖像画一般の定石であるが、この絵は傑作である。写真が定着する以前の音楽家の肖像でこれ以上の作品は後述するドラクロワの《ショパンの肖像》を除いて他にない。ハイドン、モーツァルト、ベートーヴェンらにも彼らの肖像と言われるものはいろいろあるが、いずれも似顔絵の域を出ず、到底デュプレッシスのグルック像には比肩し得ない。

そのことは何を意味するかと言えば、結局モデル本人の社会的な地位とか格が違うのである。そして勿論、画家の技倆が違っていた。絵が描かれたのは前年の一七七四年であったかも知れない。その年の四月十九日、パリの王立音楽アカデミーで王太子妃マリー・アントワネット台臨の下に《イフィジェニー・アン・オーリード》の初演が行われた。彼女のウィーンでの音楽の師はグルックであった。彼女は僅か十四歳（一七七〇年）で後の仏王ルイ十六世に嫁したが、その肖像をデュプレッシスが描いている（一七七二年）。このような絡みがあってこそグルック像はできたのである。それはモーツァルトやベートーヴェンはもちろん、バッハやハイドンにすら求め難いことであった。昔、どこであったか鬘《かつら》を脱いでくつろいだ姿のヘンデルの肖像をみた記憶があるが、面白いというだけの代物であった。

とにかくグルックの社会的名声は格別である。彼は単にオーストリア帝室の作曲家というに留まらず、フランスでもイタリアでもあたかもその国人であるかの如き殊遇を受ける稀有の活動を行った。彼の作品の芸術性の高さや品位を想うとき、彼がバロックを抜け出して新しい音楽の構築に果たした役割はどれほど大きかったか分からない。上記のホフマンの傾倒はまことに当を得たものであったと私は思う。

音楽史の分かりにくさは名称（概念）と実体とのズレに在ることは先に記した。しかし同時代現象としてみるなら例えばバッハの音楽が末期バロックの建築と相似性をもつことは否めない。そしてそれと同じことがクラシック音楽についても言える。グルックのオペラは同時代の古典主義文学と全くの並行現象である。ゲーテの戯曲『イフィゲーニエ・アウフ・タウリス』の初稿（散文）のヴァイマール試演は一七七九年四月で、グルックの《イフィジェニー・アン・トーリード》のパリ初演は同年五月である。しかし両者間に直接の因果関係は全くなく、ただ時代的嗜好を偕《とも》にした偶合であったと見てよかろう。さらに念の入ったことにグルックは一七五六年のローマ滞在中、ドイツ古典主義理論の大宗《たいそう》ヴィンケルマンにも会っている。しかしこれとてただ両者が出会ったというだけのことに過ぎなかったようである。このときグルックはアルバーニ枢機卿の推薦で、ローマ教皇から「黄金の拍車の騎士」に叙せられ、その肩書がホフマンの小説の題名となった。

バロック音楽の発展形態としてのクラシック音楽の意義、それは絶対音楽（絶対楽）の成立ということであろう。そしてこの点でグルックはハイドン↓モーツァルト↓ベートーヴェンという系譜から外れるのである。作曲者が文学や情景描写などの助けを借りることなく、ただ音を構築することによって自己の思想や世界観を他者へ伝えようとするのが絶対音楽であるとすれば、それが芸術性を志向する限りにおいて、厳格な形式を必要とする。そのことは古今東西を問わず詩歌の歴史が最も端的に教えるところである。バロック期には器楽曲といった意味で漠然と使われていたソナタが、クラシック期では楽曲を構成する最も重要な形式の名称となる。また器楽合奏のシンフォニアは日本語で交響曲の訳を当てる特殊な楽曲に限定されてくる。さらに協奏曲の分野では楽器群の掛け合いからソロ楽器とオーケストラとの協奏へと重点が移行するといった変化が目立つ。

モーツァルトとベートーヴェン

この最後の点はヴォルフガンク・アマデウス・モーツァルト（一七五六―九一）とルートヴィヒ・ファン・ベートーヴェン（一七七〇―一八二七）の二人がピアニストとして抜群の技倆をもっていたことと密接に関係している。殊にモーツァルトがピアノ協奏曲を二十七曲も作ったのはその顕著な現われである。ソリストの技巧的向上は楽器の性能の開発を促す。モーツァルトとベートーヴェンの時代におけるピアノの改良は瞠目《どうもく》に値する。楽器が良くなったから名曲が生まれるのではなくて、名曲を生もうとする意欲が楽器の向上に繋がるのである。

序《つい》でながらモーツァルトとベートーヴェンが二人ともグルックやハイドンのような宮廷楽長ではなくて、フリーなピアニストとして世を渡ったことも忘れてはなるまい。彼らの催した演奏会は自作の披露の場であった。そのことはもっと時代が下がってショパンの頃も同じであった。演奏会が開けず自作（の楽譜）が売れなければ即ち飯の喰い上げとなるから彼らは自己の持てる一切——哲学も——を作品に投入した。世の中もまたこのような芸術家像に理解を示し喝采を送るように変わってきていた。即ち近代が到来したのである。

モーツァルトもベートーヴェンもともにピアニストであったのは偶然であるが、そのことが彼らが作曲家として大をなす上にどれほど重要であったかは想像に難くない。ヴァイオリンやフリュートではそうは行かなかったろうと思う。私はピアノがそれに向かって椅子に坐って弾く楽器であるということのゆえに作曲者が哲学を盛るに相応しい器ともなったのだと思っている。チェンバロも同じことであるが、その微妙繊細な撥音からは交響曲は生まれまい。それはともかくもピアノがピアノであることを超えて作曲活動の基底的楽器となるのはモーツァルトやベートーヴェンあたりからであったろう。そしてそのことは今に至るまで変わってはいないと思う。

ピアノ作品に関して彼ら二人を比べてみると勝敗は初めから瞭《あきら》かであった。モーツァルトの最良の作品——例えばソナタ第十二番（K.332）とか幻想曲（K.475）と組合せになったソナタ第十四番（K.457）など、費されたであろう推敲のあとを全く留めない天衣無縫の神品で、ルネッサンス美学の理想であった優美（grazia）とさりげなさ（sprezzatura）とが完璧に具備されている——を前にしてはベートーヴェンは全く手も足も出なかったであろう。そこで彼が選んだ道は、先輩とは反対のやり方をしてみることであった。つまり田舎者らしく苦吟の跡を露わにし、またしばしばピアノという楽器の限界を超えたオーケストラ的楽想を腕にものを言わせて展開してみせるのである。しかしこの道は晩年のハイドンが既にある程度は地固めをしてくれていたところでもあった。先にもちょっと触れたようにベートーヴェンは一七九五年の夏にOp.2の三曲のソナタ（第一—三番）をハイドンの前で弾きまた献呈しているが、彼がボンからウィーンへ出て来たのは三年ほど前の一七九二年のことで、その前年にはモーツァルトが死んでいることを考えると、上京は甚だ作為的であったと言える。

もちろん腕に自信もあってのことではあったろう。

以上モーツァルトと中年（三十歳代半ば）までのベートーヴェンとを対比して、彼らの共通点と相違点とを手短に概観してみた。両者がともに腕利きのピアニスト——チェンバリストではない——であったのは一大共通点である。彼らの作曲活動の基底には常に当時の最新のピアノがあった。他方相違点としてはモーツァルトがオペラの分野で前人未到の業績をあげたのに対し、ベートーヴェンはオーケストレーションの巧者として交響曲に今に至るまで何人《なにびと》の追随をも許さない至高の完成度を与えたことを挙げるべきであろう。

モーツァルトの三十五年の生涯は余りにも短い。またこの大天才の仕事に時間的な成長過程を辿ろうとすることは必ずしも容易ではないし、それほど意味があるとも思えない。そのモーツァルトに較べればベートーヴェンの五十六年は決して短いとは言えないし、またその間に的確な発展と変化とを見てとることができる。殊にピアノ・ソナタでは第二十八—三十二番、弦楽四重奏曲では第十二—十六番、そして交響曲第九番（合唱）などが次々と生み出された晩年の様式は、ベートーヴェン個人の変化というよりもむしろ音楽芸術そのものの自律的発展の反映であったと考うべきである。

一般にはその後三十年ほどして起こる変化をベートーヴェンは逸早く感知していた。そのことは後にまた詳しく説くとして、ハイドンに始まりモーツァルトへ継承展開されたクラシック音楽の流れは、シューベルトが登場し、ベートーヴェンには間もなく晩年が訪れてくる一八一五―二〇年ころまでに終わりを告げ、本質的には「後期クラシック」と見てよいロマン派へと姿を変え始める。

そのときベートーヴェンだけはこのような世の流れに身を背《そむ》けて、神韻縹渺《しんいんひょうびょう》たるウルティマ・マニエラ（最終様式）の中へと埋没して行った。ベートーヴェンの芸術を音楽史の中で語るためには晩年の仕事は暫く封印して、中期までの経過に話を絞るべきであると私は考えている。交響曲では第三番「エロイカ」、第五番「運命」、第六番「田園」、ピアノ・ソナタでは第二十一番「ヴァルトシュタイン」、第二十三番「熱情《アパッショナータ》」、ピアノ協奏曲では第三番そして第五番「皇帝」、また弦楽四重奏曲では第七―九番の「ラズモフスキー」等々の傑作が堰《せき》を切ったように生み出された中期にこそ、本当のベートーヴェンの姿がある。晩年の作品はそれまでの業績とは日を同じくして論ずべきではないであろう。

初期が終わって中期へ入ったことを何にもまして明確に印象づける作品は、一八〇四年の第三交響曲《エロイカ》(Op.55)である。《エロイカ》と言えば誰しもナポレオンを想起する。彼はこの年帝位に即《つ》き、シャルルマーニュの後継者を以て自ら任じた。

奈翁と言えば画家ではダヴィッドとグロだ。ともにフランスの新古典主義の闘将であるが、生々しい事件を描きながら二百年後の今日まで作品を時効の外に置いたその迫力は凄まじい。また全ヨーロッパ的に見るならば、コンスタブルやターナーの英国風景画とスペインの巨人ゴヤの存在は限りなく未来を拓くものであった。他方当時のドイツの美術はとなるとそこには世界性の大きな欠如が目立つ。例えばターナーやコンスタブルとほぼ同年のカスパール・ダフィット・フリードリッヒにしても、その極めて内面的な自然観照は偏《ひと》えにドイツ民族にのみ語りかけ国境を越えることがない。その一方でイタリアに憧れる美術家たちはブレンナー峠を越えてはるばるローマへと赴き、そこに定住して一種のコロニーを作った。ルカ同盟あるいはナザレ派の如きがそれである。一見古典主義者の如くに見えて実は紛れる方なきロマン派である。その状況は非常にドイツ的である。

第二章　クラシックからロマン派へ

晩年のベートーヴェンの仕事は、それまでの彼の業績とはいったん切り離して考えた方が分かりやすい。つまり他に比べるものがないのみならず、ハイドン→モーツァルト→若きベートーヴェンという流れに沿った古典派音楽の発展形態として捉えることも必ずしも容易でない。

先に私はシューベルト十八歳の一八一五年をもって音楽史はクラシック期を了《おわ》り、ロマン派へ入ると述べた。一体何がどう変わったのか。ここでただ一つはっきり言えるのは、音楽そのもの（構造、書法）は不変であったということである。シューベルトがどれほど多く歌曲を書いたとしても、絶対楽への彼の志向はそのことによって揺るぎはしなかった。形式もまた古典派が作り出したものにそのまま拠っている。交響曲、（ピアノ）ソナタ、弦楽四重奏曲等々 悉《ことごと》く然りである。そしてそのことはシューベルト後のメンデルスゾーン、シューマンからブラームスに至るまで同じであった。古典派からロマン派への変化はそれが音楽そのものの変質ではないという点で、バロック楽から古典派への変化とは範疇《はんちゆう》を異にしている。そしてリスト、ヴァーグナー登場以降の音楽の変容ともまた全く違うのである。音楽史はシューベルトから「後期クラシック」へ入るのである。

シューベルト

ではロマン派は古典派とどう異なっているのかと言えば、それは形式に盛られた感情なり志操なりの相違であろう。あるいは社会や人心の変化とも言える。フランツ・シューベルト（一七九七―一八二八）は学校教師の子として生まれ、典型的な小市民層の一員であった。留意すべきは彼が作曲活動を展開し始めた一八一五年、まさにその年にウィーンを舞台として、ナポレオン失脚後の欧州の国家体制の立て直しを計るいわゆるウィーン会議が開かれ、それを契機として欧州は一八四八年の（ウィーンでの）三月革命に至るおよそ三十年間の穏やかな政治的休戦期へと入ったことである。

この時期にオーストリアやドイツでも市民社会が成熟し、〈ビーダーマイヤー〉と呼ばれる文化が醸成される。その名はこの時代の俗物性を象徴するものとして戯画化された人物に由来し、「実直なマイヤー氏」の意であるというがそれはさて措き、文化史上の様式概念としてのビーダーマイヤーはあまり芳しいものではなく、ある独和辞典はこの言葉を「愚直固陋《ころう》時代」と訳したりしている。美術史上では家具が云々される位のものである（序《つい》でに言うと、戦後長らく平和の続く現代の日本にも、何となくビーダーマイヤー的風潮が漂っているように思えてならない。小金を貯めた中産階級は、やがて教養に憧れて音楽会や美術展へ行ったり、画作や詩作に耽《ふけ》ったりする。国内と海外とを問わず旅行が盛んになるのも似ている。昔になかったこととしてインターネットやテレビを通じて茫大な量の情報が飛び交い、文化は内から創るよりもはるかに外から与えられるものとなった）。

シューベルトはこのビーダーマイヤー社会に生きた人である。デッサウ出身でベルリンで活躍した詩人のヴィルヘルム・ミュラー（一七九四―一八二七）は民謡調の詩作で知られるが、殊に『美しき水車屋の娘』と『冬の旅』の二冊の詩集がシューベルトによって歌曲化されて不滅の名声を得ることになった。ミュラーとシューベルトは活躍の地こそ違ったが、ともに短い生涯を殆ど時期を同じくして送った人たちである。両者共作の歌曲のうち《菩提樹》、《さすらい》などは人口に膾炙《かいしゃ》しているが、

『美しき水車屋の娘』は元来ベルリンの富裕な銀行家の土曜のサロンでミュラー自身も加わって上演された歌芝居がもとになったという。即ち素人劇団の演目であり、これぞビーダーマイヤー文学の代表作と言ってよいものなのである。それがシューベルトの大手腕によって燦然《さんぜん》と輝く色とりどりの宝珠をさし貫いたローゼンクランツへと変えられた。しかし私など歌を聴いてから詩を読むゆえであろうが、たとえば第一曲《さすらい》などこの詩にあれ以外のメロディの付けようがないのではないかといった気持にさせられるのは不思議である。

Das Wandern ist des Müllers Lust,
　Das Wandern!
Das muss ein schlechter Müller sein,
Dem niemals fiel das Wandern ein,
　Das Wandern.

さすらいは水車屋のよろこびだ、

さすらいは！
なんてあわれな水車屋だろう、
さすらいを思わぬ水車屋なんて――
さすらいを。

（西野茂雄氏訳）

即ちミュラーの詩そのものが大層リズミカルで、これを口遊《くちずさ》むものは誰しも何かのメロディを付けたくなる。自分の名前（ミュラー）が普通名詞として何度も出てくるので詩人の気持も乗ったのかも知れない。もちろんシューベルトはこれ以上考えられない美しいメロディをこの詩に与えたが、シューベルトが楽想の溢れるあまり歌詞の優劣に拘《こだわ》らなかったとまで言うのは行き過ぎであろう。《水車屋》にせよ《冬の旅》にせよ、それらは作曲者と作詞者との立派な共作と呼ぶべきものではあるまいか。そして二人はその仕事を通じてビーダーマイヤー音楽をミューズ神たちの住む九天の高みにまで一気に持ち上げたのであった。

シューベルトのどの歌曲を聴いてもピアノ伴奏部の美しさに驚かされる。私は若い時分からこの作曲家のリート［歌曲］のレコードを通してピアノ音楽の魅力に目覚め、そこから更に変奏曲（例えば《五重奏曲「鱒」》の第四楽章など）、即興曲、そしてソナタなどを味わうことへと耳を開かれた記憶は今なお新しい。そして私は思うのであるが、シューベルト自身がこれと似た道を通って絶対楽へ近付いていったのではあるまいか。

彼は短い生涯中に未完のものを入れると二十曲ほどのピアノ・ソナタを書いている。特に最後の数曲はその七、八年ほど前に新作として彼が接したベートーヴェン晩年のソナタ——例えば第三十番（Op.109）など——に引き摺られて苦闘の限りを尽くしたという印象を受ける。しかしその努力も第一、二楽章までで、後半のスケルツォやロンドになると急に拍子抜けしてしまったような思いを懐かされることが多い。《ピアノ・ソナタ第十七番　ニ長調》（D.850）の最終楽章のロンドが好例で、シューマンが当惑して「何たる茶番」と言ったとか。最後から二つ目の《ピアノ・ソナタ第二十番　イ長調》（D.959）を私は大いに好むが、そのフィナーレのロンドはベートーヴェンの《ピアノ・ソナタ第十六番　ト長調》（Op.31-1）の最終楽章に似ており、また出来も良いと定評のある曲である。しかしベートーヴェンの場合にはその軽快なロンドが楽曲全体（三楽章構成）の中にうまく嵌《は》まって先行するアンダンテ・グラツィオーソと見事な対比をなしているのに対し、シューベルトでは第二楽章のアンダンティーノの深い嘆きの歌がそれに続くスケルツォとロンドによって弱められているとの印象を禁じ難い。シューベルトはまだまだ先輩から学ぶべきことがあった。しかし死は数ヵ月後に迫っていたのである。

私は齢をとるにつれて、いよいよシューベルトに深い親しみを覚えるようになった。よく聴くのはピアノ曲が多く、それも《楽興《がっきょう》の時》とか二巻の《即興曲集》などいずれも短い曲を集めたものに最も心を惹かれる。殊に《楽興の時》（D.780）の第一、三番や《即興曲集》（D.935）の第三番（変奏曲）などは、すでに七十年以上も前から聴いてきたものでありながら、その度に新たな至福の感動を覚え、音楽という芸術の原点に連れて来られたという感じに包まれる。モーツァルトの好きな人は矢張りモーツァルトの曲からそのような感銘を受けるのであろうが、私の場合は何と言ってもそれはシューベルトである。

また《交響曲第八番（ザ・グレート）》（D.944）や《弦楽五重奏曲》（D.956）のようないつ果てるとも知れない長い曲に全く冗漫感がなく、終わるのが惜しいように思われるのもシューベルトならではのことである。長い曲にも短い曲にも作りものめいたところが全くない。作られたのではなく生まれて来たのである。劇の付帯音楽《ロザムンデ》(D.797)よし、《第七交響曲(未完成)》(D.759)よし、そして《弦楽四重奏曲第十四番(死と乙女)》(D.810)よし、何も言うところなしである。曲の構成上の弱点はあっても、別に気にはならない。このような気分にさせられる音楽家は彼を措いて他にない。ということは彼は先師もいなければ弟子もいない唯一人の存在であったということである。尊敬して止まないベートーヴェンのあとを必死になって追おうとして、別のところへ行って了《しま》ったのである。モーツァルトより四歳も短い享年であった。

シューベルトより十歳余り若いメンデルスゾーンとシューマンもまたビーダーマイヤー期に生きた人たちである。しかし一人は銀行家の子息、もう一人は欧州でも初めてと言ってよい音楽評論誌上に健筆を振るった(元)ピアニストであって、彼らの教養はシューベルトとは大いに違っていた。ともに外国の事情に明るかったし、また自国の過去を振り返ってバッハを再興したり、シューベルトの交響曲やソナタに陽の目を当てるなどの仕事もしている。

彼ら二人の名をきくと私は直ぐに彼らの交響曲を想起する。殊にメンデルスゾーンの《第三番　スコットランド》（Op.56）とシューマンの《第四番　ニ短調》（Op.120）とは私には、ハイドン→モーツァルト→（中期までの）ベートーヴェン路線に沿った交響曲の最終到達点に在るものといった感じがする。ともにほぼ同年（一八四一年ころ）の作品で、シューベルトの晩年の交響曲からおよそ十二、三年のちのものである。

それにしても何という大きな対照を示していることであろうか。シューマンがシューベルトの《交響曲　ハ長調》（D.944）の楽譜を作曲家の兄の許で発見し、第二楽章アンダンテ・コン・モートを「天国的な長大さ」と評したのは、作曲者没後十一年目の一八三九年のことであった。シューベルトが天国を仰ぎ見ていたとすれば、メンデルスゾーンもシューマンもともに極めて地上的である。当時すでに大都市にあった管弦楽団の演奏会のために書かれたこれらの曲は、耳の肥えた好楽家を満足させるに足る華麗なオーケストレーションを誇示している。内なる心の歌よりは洗練された情感の愉悦を求めるのである。市民社会における社交界の成立とでも言えばよいのか。そこへ迎え入れられるにはシューベルトはすこし早く生まれすぎた。そしてあまりに大器であった。私はシューベルト、メンデルスゾーン、シューマンの三人の芸術家に関してそのような感じをもっている。ブラームスの《交響曲第一番》が作られるのはそれから何と三十七年も後のことである。

メンデルスゾーン

フェリックス・メンデルスゾーン（一八〇九―四七）はメロディを作る大天才で、その才能はヴェルディやビゼーにも劣らない。単に《無言歌集》に限らず、交響曲、協奏曲、室内楽のすべてに亘って麗わしい旋律をふんだんに鏤《ちりば》めた。しかも楽曲の形式は厳格に守られている。ただ余りに優美で上品なので、巨人ベートーヴェンに比べると迫力に欠ける。その好例は《ヴァイオリン協奏曲》（Op.64）で、これほど美しい曲は彼の全作品中でも珍らしい。先輩のベートーヴェン及び後輩のブラームスと並べ三大ヴァイオリン協奏曲の一つとされる評価は今も揺るがない。しかしこれら三曲の中では骨組みが華奢《きやしや》でまた異質でもある。もし他の曲と比較するのならベートーヴェンよりもモーツァルトのヴァイオリン協奏曲の系譜の上に在る作品と思った方がよい。そしてまたコンチェルトとは何かについて考えさせる曲でもある。

ハイドンが交響曲のかたちを作り出したように、古典派協奏曲の生みの親はモーツァルトであった。協奏曲は交響曲とは違って独奏者がその腕を披露する場であり、聴く人を愉しませることを第一義としている。作曲家が自分の思想や哲学を盛るには交響曲こそが相応しい。ピアノのための二十七曲、ヴァイオリンのための五曲その他各種の独奏楽器のためにモーツァルトが書いた実に多くの協奏曲の大部分は、そういった華麗で耳に快い作品である。

しかしそのモーツァルトも例えば《ピアノ協奏曲第二十番　ニ短調》(K.466) では、思わず心の奥底で疼《うず》く深い悩みを覗かせた。ベートーヴェンはこの曲に大きな関心を寄せ、そのためにカデンツァ［協奏曲の終止形］を書いている。ベートーヴェンは協奏曲に交響曲的な性格を与えようとした。その出発点はモーツァルトの《ピアノ協奏曲第二十番》であった。しかしメンデルスゾーンはその《ヴァイオリン協奏曲》で再び協奏曲の本来の姿へと立ち返ったと私は思う。モーツァルトの系譜の上に在るとはそういう意味である。

ベートーヴェンの崇拝者としても知られるルイ・シュポール（一七八四―一八五九）の協奏曲もまたその種のもので、傑作《ヴァイオリン協奏曲第八番「歌の舞台」》（Op.47）はメンデルスゾーンの曲の本当の姉妹であり、ともにモーツァルトの協奏曲の本来の形姿へと溯《さかのぼ》るものである。他方ブラームスの協奏曲が交響曲的であることは言うまでもあるまい。

全四十八曲の《無言歌集》はメンデルスゾーンの代名詞的作品で、三曲ある《ヴェネツィアの舟歌》、《デュエット》（以上の四曲は作曲者自身の命名になる）、《春の歌》、《狩りの歌》、《紡ぎ歌》等々、いずれも二、三分の小曲がまさに「歌詞なき歌」としてピアノ音楽の美しさを堪能させてくれる。小学生だった頃なんと美しい曲だと思って聴いていた《春の歌》への想いは、八十年近く経った今も少しも変わらない。それから中学時代に買ってもらった《ヴァイオリン協奏曲》――巨匠クライスラーのこの曲の二度目の録音であった――、そして高校へ入ってからよく訪れた叔父の家で何度となく聴いた《序曲　フィンガルの洞窟》――フルトヴェングラー指揮するベルリン・フィルの演奏――、これら三曲のレコードが若かった私を西洋音楽鑑賞の正道へと導いてくれたとすれば、メンデルスゾーンへの私の想いは強まるばかりである。それは何よりも先ず、彼の音楽が分かり易いということ、そしてその質が極めて高いということの証しである。これら二つを両立させた音楽家は決して多くない。初めて聴いて耳に快いと感じたものには大抵早晩飽きがくる。その稀有の例外とも言うべきものがメンデルスゾーンの音楽なのである。

シューマン

シューベルトを別格とすればロマン派の作曲家の中で一番重要な仕事を、しかも数多く残したのはローベルト・シューマン（一八一〇―五六）である。シューマンと言えばピアノ曲、そして歌曲であることは誰しもの認めるところであるが、交響曲、協奏曲、そして室内楽にも極めて充実した仕事をしている。とにかくこの人は大変な勉強家であった。初めピアニストを志したが指を痛めて断念し、作曲家また音楽評論家へと転進した。一歳年長のメンデルスゾーンとは親しく、早くに「音楽新報 Neue Zeitschrift für Musik」を創刊し、「ダフィット同盟 Davidsbündler」という結社を結んで、彼らの理想を込めた評論を展開した。その雰囲気はピアノ組曲《謝肉祭》(Op.9) が生きいきと伝えている。やがて精神の失調に苦しむようになり四十六歳で早逝するが、作品に暗い影は少ない。彼が十七歳の年（一八二七年）に世を去ったベートーヴェンの呪縛は大きく、それが例えば四曲も作られた交響曲や三曲ある弦楽四重奏曲等となって外に露われるが、それらは決してベートーヴェンの単なる模倣には終わらず、シューマン自身のものとなっている。交響曲の中で最も有名な第四番（Op.120）——実際には二番——は全曲を一つの楽章として演奏するのが通例であるが、これは後にリストへ引き継がれて行く新手法である。

協奏曲では流石《さすが》にお家芸とも言うべきピアノのためのもの（Op.54）が抜群の傑作で、輝かしい生気に満ちているが、病勢の進んだ晩年に書かれたヴァイオリンのためのものやチェロのためのもの（Op.129）も、それぞれの時期の作曲者の心境の反映として貴重である。殊に《ヴァイオリン協奏曲》はナチス政権下のベルリンで楽譜が発見され、ヒットラー総統の強い希望に基づきゲオルク・クーレンカンプによって一九三七年に初演が行われた。その時短波で全世界へ放送されるという新聞の報道で、私はラジオの前に獅咬《しが》みついて聴こうとしたが遂に一音だに聞こえなかった想い出がある。遺作と思うからでもあろうがどことなく淋しい曲であるが、《ヴァイオリン・ソナタ第一番》（Op.105）とともに、ピアノ曲だけではよく分からないシューマンの別の一面をうかがわせるものとして私には忘れ難い曲である。

一八四〇年、妻クララとの結婚の喜びは「歌の年」、そしてその翌年の「室内楽の年」と呼ばれる旺盛な制作活動となって爆発する。このような精神の昂揚はシューマンにおいて特に顕著である。二つの歌曲集では先ずシャミッソーの詩による《女の愛と生涯》(Op.42) 八曲が、次いでハイネの詩集から十六篇を選んだ《詩人の愛》(Op.48) が作られた。言うまでもなく女とはクララであり、詩人とは作曲者本人を指しているが、婚約そして結婚の悦びに溢れながら二つの歌集がともに失恋や夫の死をもって終わるのは十六年後の夫妻の運命を予感してのことであろうか。シューマン自身がつけたという「詩人の愛 Dichterliebe」の題名がシャミッソーの「女の愛 Frauenliebe」に因《ちな》んだものであることは瞭《あきら》かであり、これら二冊の歌曲集を捧げられた新妻はどのような気持でそれを受け取ったのであろうか。シューマンの死後クララは四十年の長きに亘ってドイツの楽界に生き続け、自らの演奏やまた楽譜の校訂を通じて夫の音楽を世に知らしめた。二人の生涯はまさにロマン派を地で行くものであった。

そのシューマンが最も輝かしい仕事を残したのは言うまでもなくピアノの世界である。ソナタのような大曲も決して悪くないが、彼がピアノ音楽史上に残した何よりの足跡は、小曲を集めた組曲形式の創造である。バロックの組曲は舞曲を連ねたものであったが、シューマンは小曲を繋いでそれらの間に関連をつけ、一つの大きな全体へ纏《まと》めるという手法を好んだ。《ダフィット同盟舞曲集》(Op.6)、《謝肉祭》(Op.9)、《子供の情景》(Op.15)、《クライスレリアーナ》(Op.16)等、あるいは《交響的練習曲》(Op.13)もまたその一種であったろう。各小曲が題をもつこともあった。

私の学生時代に京都のわが家の近くに確かシャピュイとかいった名の赤髪のスイス人のピアニストが住んでいて、時々ピアノを荷《かつ》いで学校(旧制第三高等学校)の講堂に来て演奏会を開いた。その席で聴いたシューマンのいろいろな曲が私のこの作曲家に大きな関心と親しみを覚える切っ掛けになったことは忘れ難い。またその頃フランスの大ピアニスト、アルフレッド・コルトーがシューマンの曲を積極的にレコーディングしていて、《謝肉祭》や《子供の情景》はもちろんのこと、《ダフィット同盟舞曲集》や《クライスレリアーナ》を最新盤として聴くことができたのも幸運であった。他方、大曲では《ソナタ第一番》(Op.11)と、ベートーヴェンへの想いを描いた《幻想曲》(Op.131)とが、ソナタなどと言いながら完全に伝統から抜け出てシューマンならではの音楽になっているのが素晴らしい。

秀れた音楽ジャーナリストでもあったシューマンは外国の現代音楽にも大きな関心

を示し、それをドイツの楽界へ紹介した。《謝肉祭》の中にショパンとパガニーニが姿を現わすのは一例で、当時（一八三五年）これら両人が欧州楽壇の話題を攫《さら》っていたことを証するものである。しかもそれは決して彼らの名人芸の故だけではなく、シューマンが二人の音楽の高い芸術性に着目してのことであった。パガニーニの代表作《二十四のカプリッチオ》（Op.1）から合計十二曲もの練習曲を作っているのは、シューマンがこの大ヴァイオリニストにどれほどの敬意を払っていたかを物語っている。

パガニーニ

シューマンは《謝肉祭》の中でニコロ・パガニーニ（一七八二―一八四〇）の肖像を音で描いた。この人が弓を飛ばす姿の前後にドイツ舞曲を置いたのは何故だか分からないが、パガニーニはシューマンより二十八歳も上で、《謝肉祭》作曲時の一八三五年にはすでに五十三歳の余りにも有名なヴィルトゥオーゾ［卓越した演奏家］であった。ひょっとするとこの年にドイツへ演奏旅行に来て話題になったのかもしれない。そしてその五年後の一八四〇年、シューマンとクララの結婚の年には死去している。悪魔の化身と言われたほどの妙技が独習によって開発されたのも凄《すさま》じいが、代表作の《二十四のカプリッチオ》（Op.1）をみても単なる練習曲というに留まらず、立派な一巻の前奏曲集になっているところが、この人の名がいまだに忘れ去られない理由であろう。

カプリッチオ（奇想曲）はみな精々五、六分以内の短い曲ばかりなので、ＳＰ時代には一または二曲をハイフェッツ、シゲーティ、メニューインなどの名手が演奏したレコードがいろいろとあったが、ＬＰやＣＤの現在では全曲盤だけになり、却って不自由になった感じがする。また演奏技術の研究が進んだ今日では、多くのヴァイオリニストがカプリッチオを苦もなく弾くようになった。しかしパガニーニの音は、現代とはかなり違ったものであったと私には思えてならない。つまりインターナショナルではなく、もっともっとドメスティックな、イタリアの土の香りがするものであったのではあるまいか。タルティーニとかナルディーニ、ヴェラチーニとかの名人が輩出し、またそれに応えるかのようにストラディヴァリやグワルネリ等々の名器が作られた十七、八世紀のイタリアのヴァイオリン界は、ドイツなどとは楽器も奏法も、そして何よりも音が違っていたはずである。その伝統に培われたパガニーニがアルプス以北の諸国の楽壇に登場したとき、各地で大きなセンセーションをもって迎えられたことは十分に納得が行く。パガニーニの作品を単に練習曲として扱って綺麗事に終わらせては、何よりも肝心なイタリアの気が抜けて了《しま》うように思う。元の土臭さへ戻して初めて彼の曲は生きてくると私は考えるのである。カプリッチオでは第二十番や最後の二十四番が殊に有名で、変奏曲として作られた第二十四番の主題に基づきブラームスはピアノのための変奏曲を、またラフマニノフは狂詩曲を書いている。

ショパン

シューマンに《謝肉祭》の中で肖像を描かれたもう一人の音楽家がフレデリック・ショパン（一八一〇―四九）である。二人は奇しくも全く同年の生まれであるが、シューマンがピアニストとして早く挫折したのに対し、動乱のポーランドから脱出してきたショパンはパリ楽壇での寵児になった。彼が開く演奏会はまた自作の披露の場でもあった。次々と出版される作品の前代未聞の新しさに深く関心を唆《そそ》られたシューマンは、ショパンに対し甚だ好意的であった。

シューマンとてその生涯は決して長くはなかった（四十六年）が、ショパンはシューマンよりも七年も早く世を去っていく。父親がフランス人であったからポーランドを出たフレデリックがパリに定住したのはあるいは当然のことであったかも知れないが、そこで作家ジョルジュ・サンドや画家のユージェーヌ・ドラクロワたちとの交友がどれだけショパンの音楽に磨きをかけたかは想像に難くない。

そしてまさにこの時分（一八三〇年）からパリはフランスの首都であるのみならず、国境を越えた全ヨーロッパの芸術的首府となっていった。文芸、演劇、美術、ファッション等々すべての新しい動向がまずパリに集まり、そこから全世界へと拡散するという構図が出来、今も続いている。しかしそれはまた底辺においては極めて保守的であるということの半面的現象でもあった。抜き難い中華思想はドイツ生まれの絶対楽を長らく拒否し続け、本質的には極めてフランス的であったと思われるベルリオーズもその巻き添えを喰った感がある。

一八三八年、ドラクロワは親友ショパンの肖像を描いた。作曲家二十八歳の像である。場所は画家のアトリエで、そこへはプレイエル社のピアノが運び込まれてあった。それへ向かって正坐し弾奏するショパンのうしろにジョルジュ・サンドが坐って耳を傾けている等身大の二人肖像であった。この絵はその後所有者の手を転々とする間に二分され、サンドの方はいまコペンハーゲンに在る。弾いている曲が何であるのか記録はないが、ショパンはこの頃二冊の《マズルカ曲集》（Opp.30, 33）を出版しているので、その中の一つででもあったかと思う。彼はピアノの魔法使いであった。普通ならピアノから出るはずのない音を引き出した。それはモーツァルトもベートーヴェンも知らない音であった。シューマンがショパンを天才だと言ったのはそのことである。

ドラクロワが描いたショパンの肖像
（パリ、ルーヴル美術館）

ドラクロワの絵は傑作である。単にショパンの肖像と言うに留まらず、古今のあらゆる肖像画中でもこの右に出るものは寡《すくな》い。肖像画に関する最高の賛辞は au vif つまり「生けるが如し」であって、この語は一四二九年にヤン・ファン・アイクが描いた一画に対してすでに使われている。肖像画成立の必須要件は肖似性《しょうじ》である。従ってそれを認めうるのはモデルの知人でなければならない。その意味で肖像画は本来短命な芸術である。しかしショパンやグルックの在世中の姿を知っている人は今や一人もいない。ただ彼らの作った音楽や伝えられる言行に基づいて組み立てられた私たちのイメージに彼らの肖像がいかにも相応しく思われるとき、肖似性が成立する。デュプレッシスもドラクロワも単にモデルの容貌だけでなく、そこに宿るエスプリをも捉えることに成功していればこそ、画面に不朽の生命を与えることができたのである。私たちはこれらの肖像画を観ることによって今もモデルその人の知己になれるのである。これが作りものの似顔絵との根本的な相違である。音楽家の肖像でこれらの二点を抜くものは他にない。

ショパンの風采については私の恩師児島喜久雄教授の随筆「ショパンの肖像」（昭和二年）の中に諸種のメモワールからの抜書きがあって、その一つによると、「ショパンは中背の華車《きやしや》な体格だった。彼の姿勢は高雅であった。（中略）頭髪は灰色を帯びたブロンドでほとんど栗色をして居た（中略）。眼は活々《いきいき》として居て愛嬌のある微笑を湛《たた》え、顔色は澄んだ肉色、鼻は長く稍〻《やや》彎曲《わんきよく》して居た。（中略）彼は伊達《だて》にかけてはドラクロワと負けず劣らずで彼等は二人共仕立屋や靴屋の善悪《よしあし》がやかましかった」。

二つの協奏曲や三つのソナタなどの大曲を別にすれば、あとはいずれも小品を集めた形式でアンプロンプテュ（即興曲）、ノクチュルヌ（夜想曲）、ワルツ、バラード、マズルカ、ポロネーズ、スケルツォ、そしてプレリュードと二冊のエチュード（練習曲）等々、算《かぞ》え切れないほどの珠玉の名曲を世に送り続けて四十歳に満たない短い生涯を終えたこの「ピアノの詩人」の作品中、私が殊の他傑出していると思うのは《練習曲集》（Opp.10, 25）と《二十四の前奏曲集》（Op.28）である。ともに聴けば聴くほど底の見えない深味へと嵌《は》まって行くような曲集である。リストの《超絶技巧練習曲》などとは違って、全曲を通して聴いても全く人を飽きさせることがない。このような周到さはショパンを他のロマン派作曲家から際立たせる特質である。何とも素晴らしい。

また私は彼のマズルカを好む。長くもない一生に五十一曲も書いていることを思うと、彼の裡《うち》には常に四分の三拍子のポーランドの農民舞曲が鳴っていたのだと思う。《二十四の前奏曲集》の第七曲もマズルカだ。一瞬あるかなきかに覚える衣擦《きぬず》れの気配とでもいった絶妙の曲想は、ショパンを措いて誰が描けようか。

シューマンはその《謝肉祭》の中で一つのノクチュルヌに託してショパンの面影を描いてみせた。夜想曲という曲種の創始者はショパンの同時代人であるアイルランドのジョン・フィールド（一七八二―一八三七）で、一八三二、三年頃パリへ来たこの人から影響を受けてショパンもまたノクチュルヌを作るようになったといわれる。しかし両者の曲を較べて聴くと、フィールドは到底ショパンの敵ではなかった。こうしてできた甘美で感傷的なノクチュルヌは、忽《たちま》ちにしてショパンの音楽の代名詞ともなっていった。他方十四曲のワルツはショパンがワルシャワを出てパリへ向かう途中で立ち寄ったウィーンで娯《たの》しいワルツを聴いたのが作曲の機縁だという。しかしショパンのワルツはシュトラウス一家などのウインナ・ワルツとは大きく違ったものになった。また甘美で時には感傷的であっても、ノクチュルヌよりは明るくキレがある。華麗な第一番や憂愁にみちた第三番などの美しさは全くショパンならではのものであろう。

もう一度ショパンの肖像へ戻って、児島先生はいう、「ドラクロワはショパンの肖像画家たるべきあらゆる資格を具備して居た。この“belle âme”（麗わしき魂）を描き得べき唯一の画家であった。栗色の柔い頭髪、透明な沈んだ肉色、清らかな眼、静かに張った鼻、多感な唇……最後に、吾々は右頬の favori（頬ひげ）まで画中に見出すことが出来る」。

第三章　クラシックとロマンティック

これまで私はロマン派という言葉を自明のこととして論を進めてきた。ロマン派とは何であろうか。シューベルト、ヴェーバー、メンデルスゾーン、あるいはシューマンら（ドイツの）ロマン派の音楽がクラシックに較べて形式の錬磨よりも感情の流露を重んじたことは確かである。しかし今私が問いたいのは、ロマン派はクラシック楽の必然的な発展形態であるのかということである。私はそうではあるまいと思う。

今日一般に行われている音楽史ではクラシックとかバロック、またはロマンティックなどの言葉をある時には様式概念として、またある時には時代概念として使って、十七世紀以降の音楽の流れに、バロック→クラシック→ロマンティック→後期ロマン派→現代（あるいは二十世紀）という画期を与えている。否、ベートーヴェンをもロマン派の中へ入れて考えようとする説がむしろ一般的である。しかし、シューベルトから十九世紀末までと絞ってみても八十年を越える長い時間の音楽をロマン派という一つの概念で括《くく》ることが果たして妥当であろうか。仮にそうだとすると、クラシックの時期を経過しないフランスを始め東欧、ロシア、スカンディナヴィア諸国などでは音楽はいきなりロマン派から始まったことになり、古典楽はロマン楽を生むための必須な前提ではなかったことになるが、音楽の世界とはそういうものなのであろうか。

美術史との対比

クラシックとロマンティックの関係を私は次のように考える。これら二つの精神志向は創造という行為の両面である。かたちによるか（美術）、音によるか（音楽）、はたまた言葉によるか（文学）の違いはあっても、美的感動――それは最も純粋な生活感情である――を表現しようとするためには何らかの形式（約束）に拠らざるを得ない。形式の錬磨に重きをおくのが古典的、そして感情の流露を尊しとするのが浪曼的である。

西洋においては美術と文学にはギリシャ・ローマの芸術があり、それを典範とする思想が古典主義を形成した。しかし古代的遺産を欠く音楽ではこの本来の意味での古典主義はあり得ない。美術史や文学史に倣《なら》って組み立てられた音楽史でハイドン、モーツァルト、それに若き時代のベートーヴェンら十八世紀後半から十九世紀初頭までの音楽をクラシックと呼ぶときは、例えばソナタ形式を重用し、その厳格な枠内で楽想を展開して曲に論理的整合性を与えようとする楽風に普遍性や典範性（Klassizität, classicality）を認めるがゆえである。それは静隠で安定的なようにも見えるが内には強い緊張を孕《はら》んでいて永くは持続しない。十九世紀へ入ると次第に形式の羈絆《きはん》が緩み感情の自然な表出への傾斜が増して来て、やがてシューベルト、メンデルスゾーン、シューマンたちの時代がやってくる。しかし彼らの音楽の仕組み（書法）そのものは古典派のそれとすこしも違わない。ただクラシック楽では抑制されていたもの、あるいはそれ以上にもっと大切なものが他にあるとの考えから本流の外に置かれていたものが、ロマン楽の世になって表へ露わに出て来たのである。

古典的と浪曼的とは創造という一つの行為をめぐる二つの相である。どちらが先でどれが主かとは簡単には言い切れない。しかし本当に古典的な芸術――美術でも音楽でも――が内蔵する生命力は実に強大であって、浪曼主義が尊重する刹那的な感興の発露――麗わしい旋律など――だけを以てして容易に置換できるものではない。しかも美術史の教えるところに依れば、いったん完成された古典的芸術は今度は人為を越えて自らを否定する方向へと走り出していく。十五、六世紀のルネッサンス美術は十七世紀にバロックへ変容して再現するのである。私はこれと同じようなことが音楽についても言えると思っている。古典的美術はその末期（およそ一五三〇年以降）に至ってそれまで蓄積してきたエネルギーのすべてをミケランジェロという途方もない受け皿の中へ流し込む。そのミケランジェロの役割を古典楽において背負ったのが一八一七、八年あたりからのベートーヴェンであった。彼の耳はすでに楽音も人語も聴きとれなくなっている。彼はひたすら天籟《てんらい》の妙音を聞くほかはなかった、あたかも盲目の聖女チェチーリアの如くに。

ルネッサンス（クラシック）美術の終焉にミケランジェロ（一五六四年没）が、またクラシック楽の閉幕にベートーヴェン（一八二七年没）がそれぞれ立ち会って、次世代の芸術動向に大きな影響を与えたことは確かであるとしても、その及ぼし方には違いがあった。ミケランジェロはレオナルド・ダ・ヴィンチやラファエロの死後も旺盛な制作活動を続けながら半世紀近くを生き長らえて、後輩たちを畏怖させるほどの強烈なインパクトを与える。そのため概ね十六世紀になってから生まれた若い世代の芸術家たちは老巨匠に庇護を求めることに汲々とし、その様式（マニエラ）を真似て世人の歓心を買おうとする風潮、即ち、マニエリスムが顕著となる。他方ベートーヴェンは四十歳を過ぎる頃（一八一〇年以降）にはすでに代表作の大部分を書き上げ、耳疾や胃腸病に悩まされて孤高感を強め、自身のための晩年様式（ウルティマ・マニエラ）へと次第に没入していく。そのあとを追う世代では巨匠の没年において三十歳であったシューベルトを別にすると、ベルリオーズが二十四、メンデルスゾーンが十八、シューマンとショパンが十七、リストが十六、そしてヴァーグナーが十四といった若さで、いずれも彼らの制作に関してベートーヴェンの影響を直接受けるという状況にはなかったと言える。

美術と音楽、十六世紀と十九世紀という大きな相違はあるが、古典的芸術の厳しい規範が緩んで感性の流露を尊しとする動向、即ち上に述べた創造活動の双面のもう一つへ光が当たり始め、やがてそれは反古典の志向を強く出した芸術（バロック）となって大勢を制するに至る。ポントルモ、パルミジァニーノ、ブロンツィーノ等々十六世紀イタリア絵画史上のマニエリストと、十九世紀ロマン楽派の作曲家たちの置かれた状況はよく似ている。しかし前者では生きて活動を続ける「妖怪」ミケランジェロの影響が余りにも強く、また爛熟した貴族文化への迎合の度が過ぎて官能的な耽美主義に偏し、大きく時代を掩《おお》う様式とはなり得ず、カラヴァッジオ、ルーベンス、ベラスケスらが活躍を開始する十七世紀の到来を待つ間もなく姿を消していったに対し、後者の場合はすでにベートーヴェンは死去しており、また彼のウルティマ・マニエラが当時まさに成長過程にあった市民社会から広く理解されるには、まだまだ何十年という時間をかける必要があった。ビーダーマイヤー期の人たちは何よりも先ず歌を求めて止まなかった。それに応えたロマン派の音楽が百五十年以上も後の現代においても忘れ去られることのない理由はそこに在る。

文学との繋がり

その時代にあってシューベルトの名声の陰にすっかり隠れ、忘れられて行った歌曲作家にカルル・レーヴェ（一七九六―一八六九）がいる。シューベルトより一歳年長でまた四十一年も長く生きた。ゲーテ、フォンターネ、リュッケルト、ザイドル等同時代の詩人の作品からバラードを選んで曲をつけ、自分で弾き語りをしながら北ドイツの各地を唱って廻った。《へっぽこ詩人トム（Tom der Reimer）》（Op.135）はとりわけ傑作で、親しみやすいメロディと宝石の流れ落ちるようなピアノ伴奏部の美しさは一度聴くと忘れられない。歌詞はフォンターネのものである。

別の一作に《時計》(Op.123-3)がある。シューベルトの歌曲集『白鳥の歌』の最終曲《鳩の便り》と同じくザイドルの詩に拠っている。その大意は「私は時計を一つ持っている。腕の良い親方が作ったものだ。私はいつでも、またどこへでも、この時計を持って行く。もし止まったら親方が直してくれる。しかし本当に動かなくなり、親方もまたこの世にいないとなれば、私は永遠の中にいる彼を訪ねて時計を返し、私が毀《こわ》したのではありません、時計は自分から止まったのです、と告げよう」といった極めて平明な、それでいて心に切実に訴える歌である。私の祖父の机辺にも鐘を打って時を報らせる銀の懐中時計が吊ってあったのを今もよく覚えている。そして大きくなったら自分もあんな時計を買いたいと思っていた。

ロマン派を支えた世界は決して派手やかなサロンなどではなくて、どこにでも在る平和で温かい家庭であった。レーヴェのバラードは語りという手口を使ってこのビーダーマイヤー社会のアトモスフェアをよく伝えている。ゲーテの詩による《魔王》(Op.1-3)を、それ以前に作られたシューベルトの有名な曲と較べて聴くと、レーヴェはシューベルトが芸術へ昇華させたものを、その一歩前の素朴な姿で持っていた人だということがよく分かる。ブラームスがピアノのために書いたバラード《エドウォード》（Op.10-1）もまたレーヴェの曲《エドウォード》（Op.1-1）と同じヘルダーの詩によるもので、ブラームスはもちろんレーヴェの歌を知っていたであろう。他方またヨーハン・シュトラウス父子のポルカやワルツやオペレッタまでを視界へ入れると、ロマン楽の世界は古典楽よりもはるかに大きな広がりをもっている。しかしこの世界の中で古典楽もまた変容を模索しながら生き続け、十九世紀の半ばを過ぎてついに臨界点に達したそのエネルギーはリストやヴァーグナーたちの音楽として爆発的に出現するのである。

古典的と浪漫的とは一つの芸術活動の両面である。しかしその活動のエネルギー源は典範性を持った古典的芸術にある。私は両者の関係をこのように考えている。

ロマン派音楽の特色としては文学との繋がり（殆どすべての作曲家）、絵画性（メンデルスゾーン）、小曲または組曲の愛好（シューマン）などが挙げられる。シューベルトのメロディを得たことによって、今日まで生き長らえた詩や名を残した詩人の数は一体どれほどに上ることであろうか。文学との結び付きによってロマン派はシューベルト一人に限らずメンデルスゾーンでもシューマンでも実に夥《おびただ》しい数の珠宝の歌曲を世に贈った。しかし彼らはただ歌をだけ作ったのではない。交響曲や協奏曲やソナタまた室内楽等々、絶対楽の万般に亘っても旺盛な作曲活動を行った。しかもその書法は和声（転調）の微妙な変化を除けば古典派のそれと大差はない。彼らに古典楽を改革しようなどという意識はなかったものと見てよい。そしてこの点が後に述べるリスト、ヴァーグナー以後の後期ロマン派と大きく異なるところである。

しかし例えばシューベルトの交響曲やソナタはベートーヴェンのものとは確かに違う。私が殊に感じるのは主題の作り方である。ベートーヴェンの簡勁《かんけい》なメロディは実に力強く、その後の展開を十全ならしめるダイナミズムをもつに対して、他方シューベルトのものはモチーフというよりもそれだけで歌になっていることが特色である。つまり必ずしも動機的展開を要しないとの印象を受ける。《運命》と《未完成》のそれぞれ出だしの対比は両者の相違を明確に浮彫りにする。フリードリッヒ・グルダがヨーハン・シュトラウスの《蝙蝠《こうもり》》をパラフレーズして作った娯しいピアノ曲《ゴロヴィンの森の物語》の中で突然この二つのメロディが出て来て、聴く人の頬を綻ばせる。ベートーヴェンもシューベルトもシュトラウスもみんなウィーンの市民だというわけである。

元来は北ドイツからウィーンへやって来たベートーヴェンも少しおくれてブラームスも、彼らを抜きにしてウィーンの森は語れないほどの巨樹となった。しかしドイツのロマン派音楽といえば必ず名の挙がるヴェーバーにしてもシューマンにしても、あるいはメンデルスゾーンは勿論のこと、これらの音楽家はむしろウィーン以外の地に活躍の場をもった人たちである。ベートーヴェンの同時代人といってよいヴェーバーはジンクシュピールの伝統を通じてモーツァルトの系列に入るが、メンデルスゾーンやシューマンはウィーン古典派の仕事を十分に意識しながらも、リスト、ヴァーグナー、そしてベルリオーズ、ショパンら内外の音楽界の新風に対して極めて敏感であった。

クラシック楽の時期を持たず、バロックからそのままロマン派へと移行した観のあるフランスから出たベルリオーズとショパンの音楽は実に鮮烈で、メンデルスゾーンもシューマンも正反いずれの意味においても彼らの影響を受けている。シューマンのピアニズムはショパンを強く念頭に置いたものであったし、メンデルスゾーンの《無言歌集》にもまたショパンの姿が見え隠れする。他面ほぼ同年の作といってよいメンデルスゾーンの《交響曲「イタリア」》（一八三三年）とベルリオーズの同じく《交響曲「イタリアのハロルド」》（一八三四年）との対照は甚だ印象的である。このようにベートーヴェン、シューベルト両巨星没後の一八三〇、四〇年代のドイツの音楽は次第にウィーンを離れて各地に新しい活動拠点を作り、また外国音楽との接触を深めて行く。小曲大曲の別なく麗わしいメロディが優先しその形式的展開は必ずしも意図するところではない。幾多の歌曲を始め今日愛される名旋律の夥しい数々――《ヴェネツィアの舟歌》、《春の歌》、《トロイメライ》、《昔トゥーレに王ありき》等々――がみなこの時代に作られたことは銘記に値する。

ここでまた暫く目を文学や美術へ転じるならば、ドイツ文学史ではロマン派をヴィルヘルム・H・ヴァッケンローダー（一七七三―九八）の『芸術を愛する一修道士の心情の吐露』（一七九七年）からゲーテの『ヴィルヘルム・マイスターの遍歴時代』（一八二九年）あたりまでの約三十年間としているようであるが、その年代を音楽で考えると、モーツァルトの死（一七九一年）のすこし後からベートーヴェンあるいはシューベルトの没年（一八二七、八年）ころまでと見当を付けることができる。従って音楽で言う前期ロマン派（一八一五―五〇年ころ）ともかなりのズレがある。またドイツのロマン派絵画は、その代表者フィリップ・オットー・ルンゲ（一七七七―一八一〇）やカスパール・ダフィット・フリードリッヒ（一七七四―一八四〇）でみれば十九世紀初頭の二十年間ほどが最盛期であった。このような類例からしても、十九世紀後半の音楽を後期ロマン派と呼ぶのがどれほど無理なことであるのか分かるのではあるまいか。

ところで私がたまたま読んだことのあるドイツ・ロマン派の小説、例えばハインリッヒ・フォン・クライスト（一七七七―一八一一）の『聖チェチーリエ、または音楽の力』、ヴァッケンローダーの『音楽家ヨーゼフ・ベルクリンガーの生涯』その他によく聖女チェチーリア（カエキリア）の名を見掛ける。三世紀頃の殉教聖人で、結婚の日にさまざまの楽の音に送られて婚家へ着いたとの伝説から音楽の守護聖者になった。ルネッサンスではラファエロに、またバロックではカルロ・ドルチ（一六一六―一六八六）にこの聖女を描いた絵があってよく識られている。ラテン語のカエキタスとは盲目の意味であるから、この女性は盲人であったと思われるが、ラファエロの絵でもドルチでもそのようには見えない。盲目の作曲家と言えばグルックやモーツァルトと同時代にウィーンに生きた貴族の女性マリーア・テレージア・フォン・パラディスがいる。ピアニストであってモーツァルトは彼の《ピアノ協奏曲第十八番》（K.456 一七八四年）を彼女の注文で書いた。いかにも女性向きの優しい曲である。また彼女自身のピアノ曲では現在《シチリアーノ》ただ一曲がヴァイオリン用に編曲されて知られ、むかしティボーの弾いたレコードがあった。ちょうど想い出したので書いておく。

第四章　クラシックからバロックへ

晩年のベートーヴェン

文学も絵画もロマン派はすでに過去のものとなったが、音楽だけは不死の生命を得て今も生き続けているのは本当に不思議なほどである。そのエネルギーはどこから来たか。それはロマン派に一世代先立ったクラシック楽に由来するのである。もしロマン派だけを切り離して考えるなら、ロマン派には一八五〇年以降になって爆発するリスト、ヴァーグナー、少し遅れてブルックナー、マーラーらの後期ロマン派と呼ばれる音楽を生み出す力はなかったと私は思う。前期ロマン派と後期ロマン派の相異は、クラシックと前期ロマン派との違いとは比較にならないほど大きい。それは個々の音楽家の域を越えた音楽自体の変化であり、その契機となったものはリストやヴァーグナーらのベートーヴェン晩年の作品の研究であった。楽聖没後約四半世紀の間、華やかなロマン派音楽に道を譲ったかのように見えたウィーンのクラシック楽は、マグマとなって地下に燃え続けた巨匠の意志に副《そ》い、反古典的バロック楽として再び地上に顕現してくる。それを指して世人は後期ロマン派と呼ぶのであるが、すでに十七、八世紀の音楽をバロックと言うからには窮余のあげくの命名であったに違いない。しかしその本質はロマン派と言うより一世代以前の古典楽のバロック的展開であった。

ショパンの死（一八四九年）はロマン派が前期から後期へ移行する時期の一つの目安になるであろう。そこで一八五〇年という時点における西洋音楽界の人材構成をグラフ化したのが八二ページの図である。この年以後も長く生きて十九世紀後半に大きな影響を及ぼした作曲家は、年輩順に一、ベルリオーズ（四十七歳）、二、リスト（三十九歳）、三、ヴァーグナー（三十七歳）の三人である。メンデルスゾーンとショパンはすでに世を去り、シューマンも主要な作品をすべて書き終え闘病の生活に入っている。他方ヴァーグナーと同年のヴェルディはドイツとはまた別の音楽世界の住人であった。ブルックナーが漸《ようや》く二十六歳、ブラームスは十七歳である。このように見るならば、ベルリオーズ、リスト、ヴァーグナーのいずれ劣らぬ三巨人に操られる世紀後半の音楽がどのような帰趨を辿るかはおよそ瞭《あきら》かではあるまいか。シューベルトに始まりメンデルスゾーン、シューマン、ショパンらに百花繚乱の観を呈したロマン

1850年代を中心とした作曲家年表

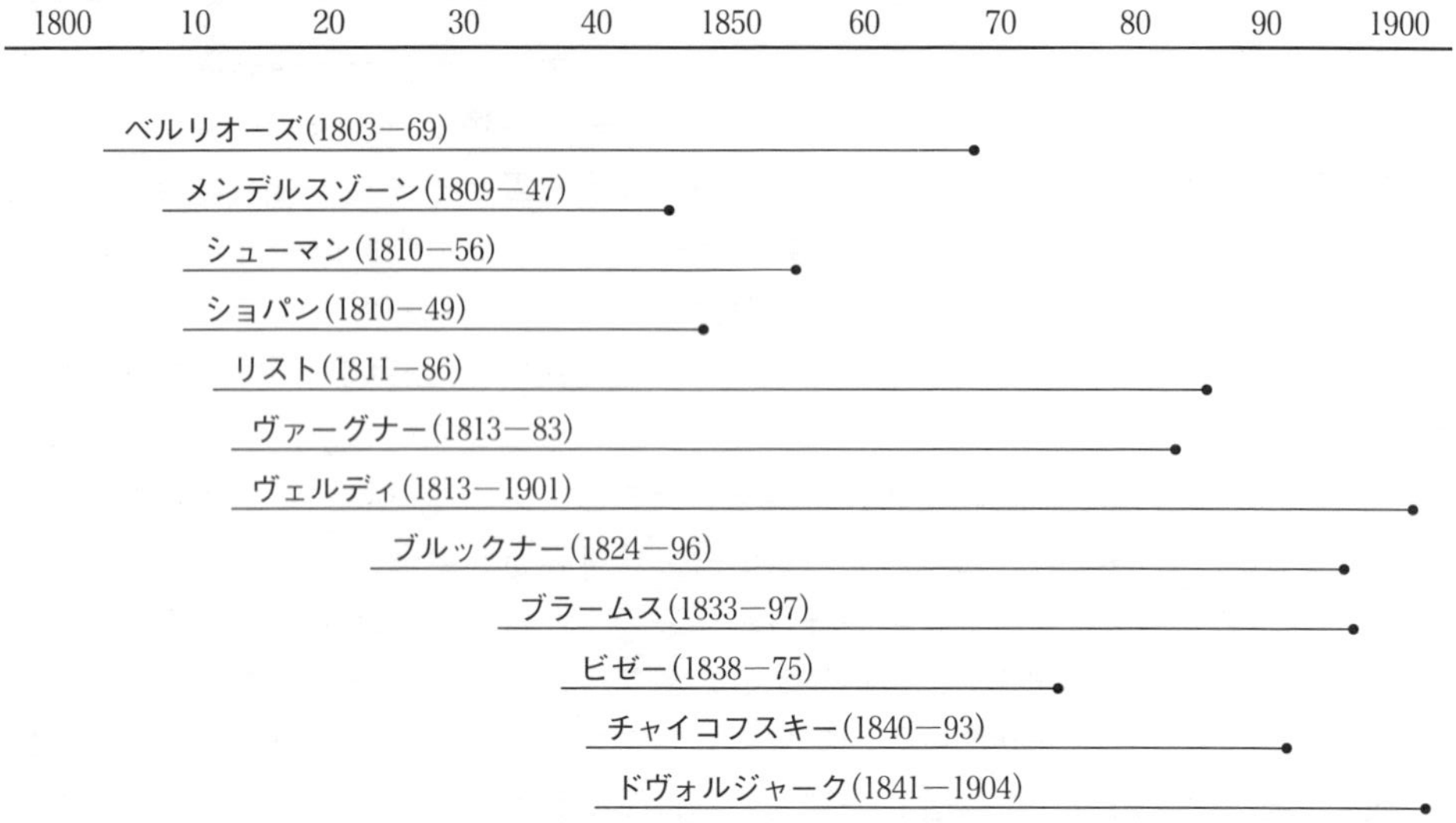
1800
10
20
30
40
1850
60
70
80
90
1900
ベルリオーズ(1803—69)
メンデルスゾーン(1809—47)
シューマン(1810—56)
ショパン(1810—49)
リスト(1811—86)
ヴァーグナー(1813—83)
ヴェルディ(1813—1901)
ブルックナー(1824—96)
ブラームス(1833—97)
ビゼー(1838—75)
チャイコフスキー(1840—93)
ドヴォルジャーク(1841—1904)

楽はおよそ一八五〇年をもって次第に光芒を収めるに至る。

三巨人の中で作曲家あるいは音楽家として最も傑出していたのはベルリオーズであろう。しかし彼のあまりにも革新的な楽風は祖国フランスでは完全に異端視され、パガニーニを始めメンデルスゾーン、シューマン、リスト、ヴァーグナー等外国の具眼者から高い評価を受けることによって、フランスという地域を越えた次世代の世界音楽の生みの親となる。そしてリストはと言えば、彼は何よりもまず「ピアノのパガニーニ」であった。

ヴァーグナー

三人中で最も若手はリヒャルト・ヴァーグナー（一八一三―一八八三）であるが、彼はすでに《リエンツィ》（一八四〇年）、《彷徨《さまよ》えるオランダ人》（一八四一年）、そして《タンホイザー》（一八四五年）を以て識られるれっきとしたドレスデンの宮廷楽長であった。この人の不羈《ふき》奔放の生涯と事蹟は十九世紀後半という時代と、そして当時の音楽の本質とを鮮やかに映し出す鏡となっている。先輩のベルリオーズやリストもまたそこへ投影することによって姿を露わにするとも言えるのである。

十九世紀の前半もまさに終わろうとする一八四九年五月――それはショパンの没年であった――ザクセン王室の宮廷楽長リヒャルト・ヴァーグナーは、こともあろうに主家の王権顚覆《てんぷく》を企図した革命に参加した廉《かど》を以て官憲から追われる身となった。その際官報に彼に対する手配書が出たのだが、訳すとおよそ次のようになる。

手配書（Steckbrief）
下段に些《いささ》か詳記する当市の宮廷楽長リヒャルト・ヴァーグナーは、当地で勃発せる暴動への実質的参加の故に捜索せらるも未だ所在不明なり。全警察当局は同人を監視し、遭遇の節はヴァーグナーを逮捕し、その旨即刻報告することを要請せらる。

一八四九年五月十六日、ドレスデン

市警察署長代理

フォン・オッペル

記

ヴァーグナーは三十七―三十八歳、中背、茶髪にして眼鏡をかく。

蓋《けだ》し珍文献の尤《ゆう》なるものか。渡辺護さんに拠れば、ヴァーグナーの身長は一六六・五センチだった由である。愛妻コージマの方が背が高かった。だから二人の写真では椅子に坐った妻の傍に夫が立っている。

この事件における彼の行動はヴァーグナーという存在の全人格を象徴的なまで浮彫りにしている。常人に対しては悖徳《はいとく》として咎《とが》められるものが、彼にあっては賞讃すべき英雄的行為に化するのである。彼は天の寵児であった。馬車に乗りおくれたばかりに検問を逃れたり、他人の旅券を使ってスイスへ入国するなど、まさに天寵なくしてその後三十有余年のヴァーグナーの活動はあり得なかった。その天とは彼においては民と呼び替えることができる。民衆は強《したた》かな天才に彼らの偶像を求めたのであった。パガニーニとリストは彼らのヴィルトゥオジテによって、そしてヴァーグナーはその強引極まる自己顕示的、反古典的作品に依って、共に栄冠を手にした。十九世紀後半とはそういう時代であった。それは前半のビーダーマイヤー期とは極めて対照的である。

ヴァーグナーはこれよりちょうど十年前（一八三九年）にも、その際は仕事の行き詰まりの打破を目指して、リガからパリへの逃避行を試みている。そしてパリでの苦しい生活の一助にもと小説や評論を雑誌へ寄稿した。その一つで最も好評を得たのがユーモア小説とも言うべき短篇『ベートーヴェン詣で』(一八四〇年)であった。その仏訳が“Gazette musicale”誌上に載ったのである。ある夜ベートーヴェンの交響曲が演奏されるのを聞いて発熱し、音楽家を志した中部ドイツのある町L…の青年が、小金を貯めて遥々ウィーンまで歩いて楽聖に会いに行く。その途中馬車に乗ってこれまたベートーヴェンを一目見たいと旅する英国人と出会い、その厚顔ぶりに散々悩まされながらもついにベートーヴェンとの面接に成功するという軽い読物である。筆談は前夜劇場で聞いた《フィデリオ》に及び、巨匠が言うには、世人は自分が器楽には巧みであるが声楽は得意でないとする、しかし私は世人に媚びるための歌劇などは書きたくない、楽器はまだ人間が存在しなかった創世の混沌から生まれた原初の声(ウルオルガーネ)を表わしており、的確には規定し難いものであるに対し、他方人声は一の魂の個性的感情を表わし、それだけ有限ではあるがまた明確である、我々は須《すべから》くこの二つをこそ合体すべきであると。そして青年に間もなく出版されるであろう合唱交響曲(いわゆる《第九》)のことを話して聞かす。

これが『ベートーヴェン詣で』の粗筋で、ヴァーグナーは巨匠の言葉に託して自身の歌劇論を開陳しているわけである。彼はその十年前の一八三〇年、十七歳のときにベートーヴェンの合唱交響曲をピアノ化し、楽譜を出版社へ売り込もうとしているところを見ると、器楽と声楽の一体化を志した（と彼の考える）《第九》への傾倒は並大抵のものではなかったと思ってよい。またそれだけにこの架空の対話が真実味を帯びてもくるのである。

《第九》への傾倒、それはもっと広くベートーヴェン晩年の作風への共鳴であったと解してよいであろう。実際ヴァーグナーは《第九》の他にも《弦楽四重奏曲第十二番》(Op.127) や《第十四番》(Op.131) などを大きな関心をもって研究したと伝えられる。前者は巨匠の晩期の入口に位置し、分水嶺的な意義をもつ作品であり、後者は深い呻き声にも似たモチーフに始まり、悲喜交々《こもごも》の感情の揺れを綴って演奏に四十数分を要する大曲でありながら、単一楽章と見做すべき特異な構成をもつ。聴覚を奪われたただ心耳だけで音楽を聴くようになったベートーヴェンは、それまで自らも加わって築き上げてきた古典楽の規矩《きく》を、一転破壊することへと向かったかに見える。しかしこの変化は実はベートーヴェン個人の力をも超えた音楽そのものの自律的な発展であった。否、音楽が自らの変容のために巨匠の手を藉《か》りたと言った方が適切かも知れない。芸術は人為であるが、また人の力を超えた不思議な生命力をもって先へとひた奔《はし》る。そして極度に抜きん出た大天才だけが五十年なり百年なり世に魁《さきが》けて創造の機微に与《あず》かり、予兆を示す。ミケランジェロとベートーヴェンの二人はこの意味でともに「バロックの父」と呼ばれるに値する。そのことはすでに上に記した如くであって繰り返すまでもない。ベートーヴェンの晩年の作品からは十九世紀後半（いわゆる後期ロマン派）の音楽を形成するあらゆる要素を引き出すことができる。それは何もひとり歌劇の分野におけるヴァーグナーだけの問題には留まらないのである。

ショパンにとって祖国フランスはただパリだけであった。彼の本当の母国はポーランドであった。彼の音楽からはフランスの土の香りは匂って来ない。そのフランスの音楽事情はドイツとはかなり変わっていて、パリがもつ国際社交場的性格のゆえかオペラやオペレッタ（オペラ・コミック）は盛んでも、ドイツ式の古典楽が根付くには十九世紀も末になってセザール・フランクやカミーユ・サン＝サーンスらの活動が始まるころまで待たなければならなかった。パリで活躍したドイツ系の楽人と言えばグルックの他にはジアコーモ・マイアーベーア（一七九一――一八六四）やジャック・オッフェンバック（一八一九―八〇）等、いずれも歌劇畑の人たちであった。従ってベルリオーズやショパンの華々しい登場をみると、この国では音楽はバロックからクラシックを経ずにいきなりロマン派へと飛躍したという印象を禁じ難い。しかもそのロマン派とてベルリオーズとショパンの二人しかいないとなれば、彼らの芸術は師承とか他者の影響では説明できない、自発の、従ってまた孤立の現象であったと言う他ないであろう。

ベルリオーズ

ピアニストとして卓《すぐ》れた技倆をもっていたショパンは、時宜に適った母国楽壇への登場などもあって早くに社交界へ迎え入れられ、作品発表の場を得ることができたが、医学生から音楽家に転身したエクトール・ベルリオーズ（一八〇三―六九）はその作風の余りにも大胆斬新のゆえに祖国では生涯理解されることなく、ショパンとは逆にドイツを始めロシアやイギリスなどの外国で評価を受けたのであった。シューマン、リスト、ヴァーグナーたちとは親密な交際をもったが、もし彼らとベルリオーズとの間に何らかの共鳴点があったとしたら、それはベートーヴェンの後期作品への関心であったろう。そしてそこからの感化を早くまた強烈に作品をもって示したのがベルリオーズであった。

まだ音楽学校在学中の二十七歳の作である《幻想交響曲》(一八三〇年)は、メンデルスゾーンやシューマンのそれよりもはるかに早く、しかも彼らが後生大事に守ろうとしていた古典的交響曲の枠組みや概念そのものを根柢から破壊するものであった。この傾向はその後の交響曲と銘打った彼の作品、《イタリアのハロルド》(一八三四年)や《ロメオとジュリエット》(一八三九年)でさらに強められて行く。しかもその悉《ことごと》くがベルリオーズならではの独得の美しさに輝いている。私は彼の作品では序曲《ローマの謝肉祭》(Op.9)や歌劇《フォーストの劫罰》(Op.24)などを好む。殊にこの歌劇中の《ラコッツィ行進曲》やマルガリートのアリア《昔トゥーレに王ありき》は一聴以て深く耳朶《じだ》に残って消えることのない名曲である。ベルリオーズはリストやヴァーグナーに較べるとこの世では不遇であったが、彼がいなければあとの二人の仕事もかなり変わったものになっていたと思われる。ドイツの外に在ったがゆえに却ってドイツの、そして世界の、音楽界を動かすことができたこの人の仕事は本当に偉大である。その彼とリストとヴァーグナーの三人がともに申し合わせたように長生きして、十九世紀後半のヨーロッパの音楽の行くべき方向を定めたのであった。

リスト

以上ヴァーグナー、ベルリオーズと見てきて残るのはフランツ・リスト（一八一一―一八六）である。この人は前二者とは違って三人中最も総合の才に秀でていた。無類のピアニストというだけではなくて、常に人々から立てられる親分肌の寛厚さを備えていた。ショパン、シューマン、ベルリオーズ、ヴァーグナーから果てはグリーグまで、彼から何かの世話にならなかった人はいないのではあるまいか。その彼がパガニーニの演奏に驚嘆し、ピアノのパガニーニたらんと願ったのは二十歳の時だというから、一八三一年のことである。しかしこの神童はすでに十一歳でウィーンの楽譜商アントン・ディアベリに頼まれ、いわゆる《ディアベリ変奏曲第二集》に曲を寄せている。ベートーヴェンがその少年に会って、トルコ人と間違えたとかいう笑話も伝わっている。曲はすでに後年の巨匠を想わせる甚だ技巧的なものである。

ピアノの演奏とそのための作曲の他に彼は交響詩という新ジャンルを開拓し、《前奏曲》（一八四八年）とか《タッソー》（一八四九年）とか《ファウスト》（一八五四年）など十五曲を作り、長い《ファウスト》と《ダンテ》（一八五七年）には交響曲の名称を冠した。いずれもラマルティーヌ、バイロン、ゲーテ等の文学作品に取材した標題音楽で、単一楽章のものが多い。交響曲と断った《ファウスト》もファウスト、グレートヒェン、メフィストーフェレスの三部立て、つまり三つの交響詩の組合せと見るべきもので、古典派の交響曲とは趣きが全く違う。彼のピアノ小品に《ダンテを読んで》とか《ペトラルカのソネット（三曲）》などというのがあるが――いずれも「巡礼の年、第二年」所収――それらを大きく管弦楽に膨らませたような印象を受ける。そしてこれらの曲をみる限りにおいて彼をロマン派と呼ぶことには何らの異存もない。

リストの十八番と言うべき夥《おびただ》しい数のピアノ曲の中では、《ハンガリー狂詩曲》全十九曲などを別にすれば、《ソナタ　ロ短調》（シューマンへ献呈、その死の翌年初演）と、二つある協奏曲（一八五二および五七年各初演）とが抜群の傑作である。私はコルトーが電気式録音のごく初期（一九二九年か）にSP三枚へ入れたソナタのレコードをどれほど愛聴したことか。そして聴くたびにこれこそはクラシック楽への訣別の曲、即ち音楽のバロック化の断固たる宣言であったと思う。協奏曲も殊に第一番にその色調が濃い。ソナタあるいはコンチェルトと言いながらクラシックの約束ごと

（形式、書法）は跡形もないまでに払拭され、あるいは奔騰流動して止まない音の氾濫である。私は若い頃文芸評論家J・B・プリーストリがバルザック文学を評して amorphous sum of gold と言っているのを読んで痛く感心したことがあるが、リストのソナタにもこの言葉はうまく当て嵌《は》まる。「定形なき」(amorphous, amorph, amorphe）とは必ずしも美称ではないが、それが大きな金の塊りであればなまじ整った形よりもはるかに迫力に富むというものである。バロック芸術は文芸であれ美術であれ、なべてそのような特色をもっている。音楽にももし本当にクラシック期があるのなら、その発展的解消段階としてのバロック期は必ず来るべきものなのである。そして私はその明確な始まりの一つをリストに見る。

しかし予兆はすでに三十年前にあった。即ちベートーヴェンの晩年の諸作品――それぞれ五曲ずつのピアノ・ソナタと弦楽四重奏曲――がそれである。例えばソナタでは第二十九番《ハンマークラヴィア》(Op.106 一八一九年)、四重奏では第十四番（Op.131 一八二六年）など、何よりもまず楽章構成が極めて特異かつ恣意的になっている。また楽章間のバランスが完全に破れ、特に緩徐楽章が異常に長い（Op.106 の第三楽章、Op.131 の第四楽章)。ベートーヴェンはハイドン、モーツァルトから継承しまた自らも力を致して発展・完成させてきた古典楽の整然たる形式美の打破を志向するに至るのである。聴力の喪失という音楽家にとって致命的な痛手や執拗な胃腸の疾患などが、彼を深刻な厭世観へ駆りたてたことはよく理解できる。しかし問題は人間ベートーヴェンのみにあるのではなくて実は音楽そのものに関わっている。全き形式を追求するクラシック芸術は早晩自律的にアモルフなバロックへと展開を遂げるのである。ベートーヴェン自身がそのことをどこまで意識していたかは分からない。しかし彼が《ハンマークラヴィア》に関して、「五十年経ったら人々がこの曲を弾くようになるだろう」と言ったとすれば、それは音楽のバロック的展開の時期の到来を予言したものに他ならない。そしてその時期は彼の予想よりもおよそ二十年早く来たのであった。

《ハンマークラヴィア》について私は色々な想い出をもつが、一つ書いておきたいと思うのは、レコード史上ではこの曲のオリジナルのピアノ演奏に先立って、管弦楽盤があったことである。往年の大指揮者フェリックス・ヴァインガルトナーが自ら編曲指揮したもので、演奏はこれも今はなき英国のローヤル・フィルであった（一九三〇年録音）。編曲者は、この曲がピアノという楽器の限界をはるかに越えている——弾きこなすには三本の手が要る——とみて、その管弦楽化を試みたのである。編成は《交響曲第九番》並み（打楽器を外す）であるから、六十人とすれば百二十本の腕で弾こうというわけである。いまこの七十年余りも前のレコードを改めて聴いて想うのは平明になり過ぎていることである。曲の分析には大層有効であり、殊に第三楽章の長大なアダージョ・ソステヌートはそれなりに傾聴に値する。しかし第二楽章のスケルツォ（アッサイ・ヴィヴァーチェ）のようなピアニスティックな曲の味をオーケストラに求めるのは無理である。ヴァインガルトナーはピアニストとしてはリストの弟子であった。彼が《ハンマークラヴィア》を熟知していたことは疑いを容れない。その彼にしてこの曲がピアノの性能を逸脱していると感じたのは、一九三〇年代ころまでは皆がそう感じていたということである。戦後の技巧の進歩はこの難曲をも征服してしまったが、まずヴァインガルトナーの管弦楽のレコード、そして間もなくケンプ、シュナーベルのピアノ演奏盤が世に出たころのファンの戸惑いと素朴な驚嘆とは今はすでに理解を越えた昔話と化している。

さてもう一度リストへ戻る。彼の豪腕をもってすれば《ハンマークラヴィア》を始め晩年のベートーヴェンの難曲を征服することにさして手古摺《てこず》りはしなかったであろう。しかもリストはベートーヴェンの九つの交響曲すべてのピアノ編曲という大仕事をもやっている。これには蓄音機もラジオもなかった彼の時代に、最も手軽に親しめるピアノやフリュートへの編曲を通じて地方や家庭へ音楽を入れようとする彼の配慮が下地としてあったことは事実としても、その周到な作業は到底誰にでも弾きこなせるものではなく、結局リスト自身のためのものであったという感じが濃い。《ソナタロ短調》はこうした彼の真摯なベートーヴェン研究から生まれるべくして成ったのであった。言葉の正しい意味での「バロック音楽」の誕生である。

こうして一度道がつけられると、ヴァーグナー↓ブルックナー↓マーラー↓R・シュトラウスという展開は極めて自然であった。アモルフ（amorph）な音楽は次第に肥大化し、そこへ陶酔的（bacchantisch, bacchanal）な色彩が加わってくる。ここで百歩譲ってこれらの人たちをロマン派の枠内に一括するとしても、シューベルト↓メンデルスゾーン↓シューマン↓ショパンという展開と甚だ異なっていることは誰の耳目にも瞭《あきら》かである。それは作家の個性や思想の違いといったものではなくて、音楽そのものの発展であり変質なのである。

第五章　諸国の音楽

このように見てきて、では古典派音楽は後期ロマン派に至って発展的解消を遂げ消滅したのであろうかと言うに、必ずしもそうとばかりは言えないように思われる。ドイツではブラームスという晩生《おくて》の大作曲家が出現するが、大筋から言うと古典派の音楽伝統はドイツよりもむしろフランス、ボヘミア、スカンディナヴィア、ロシア等の音楽的後進国へと引き継がれたのであった。国民楽派と呼ばれる現象がそれである。

この流れはアメリカと日本とへは来なかった。まだ海がそれを阻んだのであった。古典派の洗礼を受けなかった両国ではその抜け穴を（時間の差はあるが）演奏技術の錬磨によって埋めようとした。目的は今日ある程度まで達成された。しかし、良き作曲家は容易には生まれない。土壌そのものの培養を計らなかったからである。同じことが造形活動についても言えるであろう。

日本がもう半世紀早く開国していたら西洋文化の受容の仕方がいまとはもっと変わ

ったものになっていたと私は思う。なぜなら幕末維新の候（十九世紀中葉）は、ヨーロッパ自体がそれまでの文化的伝統に幕を下ろして大きく変わろうとしていた時期であったからである。それ故にこそ日本へと眼を向けたのであった。印象派絵画はその好例である。それは西洋に関しては意味のある変化であっても、これから新しく西洋美術を摂取しようとする日本にとっては対手を軽く見縊《みくび》る切っ掛けになっただけであった。爾来《じらい》わが国は目まぐるしい速さで動く現象面を逐《お》うことにのみ齷齪《あくせく》として、その変化が何のゆえに起こったかの考察を怠った。いわば砂上に金殿玉楼を建てようとするにも似た努力を、我々は開国以来いまに至る一世紀半の間営々として払ってきたのである。しかも自らが持てる長き過去の蓄積は惜しみなくこれを棄て去って顧みることなしに。

ブラームス

近頃の私が一番よく聴く音楽にはヨーハンネス・ブラームス（一八三三―九七）の作品が多い。それも中年以降のピアノ小品が主になる。一つ一つが彼の自画像だ。あるいは青春を回顧しあるいは老年の愁いを綴る。この人には駄作がない。代表作は無数といってもよい歌曲の他に四つの交響曲、二つのピアノ協奏曲、一つだけのヴァイオリン協奏曲、三曲のヴァイオリン・ソナタ、二曲のクラリネット・ソナタ、それに多くの重奏室内楽等々、どれをとっても傑作である。余程慎重居士であったに違いない。歌曲を聴けば紛れもないロマン派、そして絶対楽では非の打ちどころなき古典派である。

ただ一曲この人の代表作を挙げよと言われたら、私は《ヘンデルの主題による変奏曲とフーガ》（Op.24）を推すに躊《ため》らいはない。自身がまず腕利きのピアニストとして世に出た彼が、二十九歳の年（一八六二年）に技心ともにもてる一切を投入し推敲の限りを尽くして書き上げた名曲である。この年彼は後に永住することとなるウィーンを初めて訪れているので期するところがあったのであろう。その二年後の一八六四年二月、ブラームスは二十歳年長のヴァーグナーに会い、この曲を弾いてきかせた。すると作曲者ブラームスにあまり好感を持っていなかったヴァーグナーもこれには感心して、「古い形式――古典楽――でもその取り扱い方を知っていれば、まだまだ何かができることが分かる」と言ったという話が伝わっている。変奏曲はベートーヴェンも得意の分野であった。しかしこと単独作品としての変奏曲に関してはブラームスの方が一枚上手《うわて》であったのではないかとすら思われる。ピアノでは上記のヘンデルの他に《パガニーニの主題による》（Op.35）などがあるし、管弦楽のための《J・ハイドンの主題による》（Op.56a）もまた素晴らしい。いずれも起承転結悉く規矩に適い、しかも豊麗なること類をみない。ブルックナーより九歳も年少でありながら、終幕直前の古典派へ駆け込んで立派にその幕を引いたブラームスの音楽史上における存在感が薄らぐ日はあるまい。

ブラームスこそはシューマンの推挽《すいばん》を受けてドイツの楽界へ登場した最大の偉才であった。動乱のハンガリーからドイツへと亡命して来ていた腕利きのヴァイオリニスト、エドゥアルト・レメニー（一八三〇―九八）と組んで地方巡業をしていたブラームスは、一八五三年レメニーの紹介でハンノーヴァの宮廷楽長のヴァイオリニスト、ヨーゼフ・ヨアヒム（一八三一―一九〇七）を識り、その古典的とも言うべき妙技に深く魅せられ、情熱的ではあってもまた異端的なレメニーとは次第に袂を分かって、ヨアヒムと終生渝《かわ》ることのない親交を結ぶことになる。そのヨアヒムに強く勧められて一八五三年九月、ブラームスはデュッセルドルフにローベルト／クララ・シューマン夫妻を訪ね、自作のハ長調ピアノ・ソナタ（Op.1）を弾く。彼は時に漸く二十歳であった。曲の出来栄えにいたく感心したシューマンはライプツィヒの楽譜出版社ブライトコップフ・ウント・ヘルテルへ宛てて第一番ソナタを含むブラームスの初期ピアノ作品の出版を慫慂《しょうよう》する手紙を送り、「驚くべき音楽を以て私共夫婦の心をこの上なく深く捉え、現代の音楽界に最大の衝動を呼び起こしたと私の確信する青年がここに姿を現わしました」と書いた。青年はこれより先同じくヨアヒムの勧めでヴァイマールにフランツ・リストを訪ね、この大家はサロンの客たちの前で、ヨーハンネスが持参した自筆の《カプリッチオ》その他の楽譜を初見で（prima vista）弾いて聴かせるなどのことがあった。

いずれの場合にしても若きブラームスにとっては呼吸《いき》もつまらんばかりの緊張に張り詰めた出会いであったろう。しかしそれは彼がどうしても潜り抜けなくてはならない登竜門であったと言える。彼がヴァーグナーに会うのはそれから十一年のちのことである。因みにブラームスの第一ピアノ・ソナタは、奇しくもリストのロ短調ソナタと同じ年に作られたことを付記しておきたい。

ピアニスト、そして作曲家として広く認められ始めたこの時期（二十歳代）のブラームスにはさぞピアノ曲が多いかと思われるが、実際はさに非ず、彼はただ一曲の大作に絞ってその推敲に八年の歳月をかける。これがこの人の持ち味で、曲はピアノ協奏曲第一番（Op.15）となって一八六一年には完成しているが、狙いはピアノ曲としてよりもオーケストレーションの錬磨に在ったと私は思う。彼は交響曲を書きたかったのである。この曲の重点がピアノよりむしろ管弦楽に置かれていることは誰しもの気付くところであろう。全体に若さと覇気に満ち溢れている。それから二十年後のピアノ協奏曲第二番（Op.83）もまた極めて交響楽的であるが、それに較べて第一番は決して引けをとるものではない。しかも作曲者の長年の願望が漸く稔って本番の第一交響曲（Op.68）が陽の目を見るに至るのは、第一ピアノ協奏曲よりも実に十六年も後のことなのである。大作曲家ブラームスの真面目はまさにここに在る。即ち彼の四つの交響曲の原点は第一ピアノ協奏曲なのである。

メンデルスゾーンの五つ（殊に第三、第四）、そしてシューマンの四つの交響曲はそれぞれ個性に富んだ傑作であるが、ベートーヴェン以後に交響曲を書いて本当にその域にまで迫ることのできた作家はブラームスを以て筆頭となす。そしてこの人と前後して、ドイツではブルックナー、ボヘミアではドヴォルジャーク、またロシアではチャイコフスキーが轡《くつわ》を並べるとみて良いと思うが、作品内容の緻密さにおいてブラームスの四曲に勝るものはない。よく第一番は heroisch（英雄的、エロイカ）、第二番は lyrisch（叙情的）、第三番は romantisch（ロマンティック）、そして第四番は tragisch（悲劇的）とそれぞれ呼ばれるが、それは聴く人の自由である。第一交響曲を「ベートーヴェンの第十番」と指揮者のハンス・フォン・ビューローが評したことは有名で、一つの「翼ある言葉」ともなっているが、私に率直に言わせて貰うならば、この曲は成熟の極みに到達した四十四歳のブラームスが楽聖ベートーヴェンへ送った告別の辞ではないかと思う。「先生、あなたは道をお間違えになりました。私はここでお別れいたします」と彼は自信に満ちた声で力強く叫んでいる。

ベートーヴェンの《第九番（合唱）》とブラームスの《第一番》とは本質的に大きく異なった曲である。前者が《第九番》で切り開いた新しい音楽への道はリストやヴァーグナーたちによって継承されたが、後者はその道を辿ることをきっぱりと拒否して、自らの信じる世界の充実を図り、その外へ逸脱することはなかった。もし第一交響曲を「英雄的」と呼ぶのなら、その意味はブラームスのこの行き方を指してのことでなくてはならない。交響曲は濫《みだ》りに人声と手を組むべきものではないのである。彼はこの信念を作品をもって見事に具現化してみせたのであった。

ブラームスの個々の曲について思うところを語れば全く切りがない。ここで話題を転じて彼の肖像について若干記しておきたい。古来音楽家の肖像画で芸術品として見るに足るものは、デュプレッシスの《グルック像》とドラクロワの《ショパン像》しかないとは先に書いた通りである。モーツァルトやベートーヴェンの肖像と言われるものは精々似顔絵止まりで到底美術館などに置ける代物ではない。ブラームスの肖像画もまた然りであるが、それに代わるものとして写真がある。写真はシューマンにもショパンにもあるが、ただその姿をぼんやりと写したものが一、二枚あるという程度である。しかしブラームスとなるとプロの写真家の手になるポートレートやスナップがかなり沢山残っていて、殊に晩年の顎鬚《ひげ》や頬髯を蓄えた姿は偉容とでもいうか、為すべき仕事をみな終えたという充足感に溢れ、これほど美しい老境を持ち得た人も滅多には他にあるまいと想わせる。その彼の肖像画をアンセルム・フォイヤーバッハ（一八二九―八〇）が描くという話があったが結局は不発に終わった。委《くわ》しい経緯は知らないがブラームスはこの画家を、銅版画家でのちに画家の伝記を書いた友人ユリウス・アルガイヤー（一八二九―一九〇〇）を通じて識った。フォイヤーバッハは古典文学や美術への深い知識を絵画（例えば《イフィゲネイア》シュトゥットガルト美術館）によって表現しようとしたが、作品が広く理解されないことから激しい憂鬱症（メランコリー）に陥っていた。ブラームスはこの人に対して深い同情の念を覚え、ゲーテの詩「冬のハルツの旅 Harzreise im Winter」から歌詞をとって《アルトと男声合唱とオーケストラのための狂詩曲（アルト・ラプソディー）》（Op.53）を作曲した。フォイヤーバッハはこれを機縁としてブラームスの肖像画を描こうとしたのであった。一七七七年の十一月から十二月へかけて二十八歳のゲーテはヴァイマール宮廷の友人たちとともにハルツ山地へ狩猟に出掛け、途中で一行と分かれて単騎鉱山視察の旅を続け、これまで彼に手紙で苦悩を訴えて来ていたいわゆる「ヴェルテル病患者」の青年をヴェルニゲロー

散歩するブラームス
（オーストリア、グムンデン）

デの村に訪ねて慰めようとした。「冬のハルツの旅」はそのことを踏まえてできた詩で、長短併せて十一節から成っている。ブラームスはそこから三節を択《えら》んで、フォイヤーバッハのためのラプソディーの歌詞としたのであった。

Dem Geier gleich
Der auf schweren Morgenwolken
Mit sanftem Fittich ruhend
Nach Beute schaut,
Schwebe mein Lied.

厚い雲の上に、
ゆったりと翼を拡げて
安らいながら、獲物を狙う隼《はやぶさ》にも似て、
わが歌よ、漂い行け。

で始まるこの詩の何ともいえない魅力は、ブラームスを強く捉えていたに違いない。そしてそれに曲を付ける何よりのモチーフを、孤高の画家フォイヤーバッハとの出会いによって得たのであった。

長い管弦楽の前奏の後にアルトのソロが詩の第五節を歌い出し、やがて第六節へ移って、

Ach wer heilet die Schmerzen
Deß, dem Balsam zu Gift ward?
Der sich Menschenhaß
Aus der Fülle der Liebe trank!
Erst verachtet, nun ein Verächter,
Zehrt er heimlich auf
Seinen eignen Werth
In ung'nügender Selbstsucht.

嗚呼《ああ》、香油を毒に化した男の痛みを誰が癒すのか、
満ち溢れる愛から厭世の念を飲んだこの男の？
初め侮られ、今や侮るものとなって、
彼は充たされぬ我欲のうちに、
自身の価値を枯れ果たしてしまうのだ。

この絶唱のあと第七節へ移ると、そこから男声合唱が加わり交互に掛け合いながら弥《いや》が上にも悲愴感を高めて行く。僅かに十四歳で合唱団の指揮者となったブラームスにとってコーラスはお手のものであった。

Ist auf deinem Psalter,
Vater der Lieb, ein Ton
Seinem Ohre vernehmlich,
So erquicke sein Herz!
Öffne den umwölkten Blick

Über die tausend Quellen
Neben dem Durstenden In der Wüste.

愛の父上よ、
貴方の竪琴《たてごと》に、もし彼の耳にも聞こえる音色があるのなら、
彼の心を元気付け、
荒野にいる渇《かわ》けるものの傍に
百千とある泉へ向けて、
彼の曇った瞳を開いてやって下さい！

ブラームスのこの曲は一八七〇年に完成したが、フォイヤーバッハの肖像画の方は結局立ち消えになって了《しま》った。残念だとも言えるし、またそれで良かったのかとも思う。三十七歳の作曲家は四歳上の画家に、ゲーテがハルツ山中で会った青年——プレッシングとか言った——の姿を重ね焼きしたのであった。音楽家の肖像をめぐる一つの奇談でもあろうか。

ドヴォルジャーク

先に私はドイツでは終焉を迎えた古典楽の伝統がこんどは他国へと向きを変えて流れていったと記した。ボヘミアのアントニーン・ドヴォルジャーク（一八四一―一九〇四）がブラームスの引きを承《う》けて登場してくるのは象徴的である。またこの人は一八九二―九五年の間ニューヨークの音楽学校長として滞米し、アメリカで活躍した欧州楽壇人の嚆矢《こうし》ともなった。そのとき作られた《交響曲第九番「新世界より」》（Op.95）はあまりにも有名である。故国ボヘミアの歌や黒人霊歌の旋律を取り入れた彼の音楽はロマンティックで陶酔的ではあっても、固く古典派の書法を守り、形式をくずすことがない。私は彼の《チェロ協奏曲》（Op.104）を愛好するが、これもアメリカ滞在中の作品である。溢れるように美しいメロディが曲の進行につれて期待どおりの場所に出て来るので安心して最後まで聴いていることが出来るというのが、私のドヴォルジャークの曲に対する感想である。形式を守ることによって美を創り出す、彼はそれを知っていた最後の音楽家の一人であったと思う。

それと似たようなことが諸国の国民楽派の音楽についても言える。彼らはドイツの古典派やロマン派の作品を学ぶことによって自国の音楽を作って行った。そこへ民族調を取り入れるというのは当然の現象であり、アクセサリーのようなものである。骨格は飽くまでも古典的であってこそ、はじめて本当の意味での自己主張ともなりうることをドヴォルジャーク、チャイコフスキー、グリーグ、シベリウスといった人たちはよく心得ていた。アメリカ人や日本人にはなぜそれができなかったのであろうか。

因みにドヴォルジャークがアメリカへ赴いたとほぼ同年（一八九三年、明治二十六年）、ドイツ系ロシア人ラファエル・ケーバー（「付　ケーベル先生の音楽論」参照）が来日した。東京の帝国大学で哲学を講じたが、彼はモスクワの音楽学校の出身者でピアノをよくし、東京音楽学校でも教えた。その友人にチャイコフスキーがいたが、ケーバーの極東への赴任話をきいて思い留まらせようとした由をケーバー自身が哲学の師ハルトマンへの追憶記の中に書いている。ドヴォルジャークは三年で帰国したが、ケーバーは三十年の長きに亘って在留し、ついに日本の土に化した。人格高潔、一世の師として多くの日本人学生から慕われたことはよく知られている。

チャイコフスキー

今日一般大衆が日常最も多く耳にするクラシック音楽の一つはピョートル・イリイチ・チャイコフスキー（一八四〇—九三）の作品ではあるまいか。《白鳥の湖》とか《胡桃割り人形》とか、余りにも有名なバレエ音楽の中から、ワルツやポロネーズやマズルカ等々の麗わしいメロディが、劇場なりアリーナなりあるいはまたテレビやラジオを通じて聴こえてこない日とてない。それでは彼は文学作品と密着した標題音楽（プログラム・ムジーク）の専門家であるのかと言えば、それとはおよそ異なった絶対楽（アプソルーテ・ムジーク）の分野においても六曲の交響曲を作り、殊に第四、五、六の三つは世界中どこかのコンサートで毎日必ず番組に上げられていると言ってよい。さらにまた不思議なのは彼の協奏曲で、ピアノにせよヴァイオリンにせよ、彼自身は決してそれらのヴィルトゥオーゾではなかったと思われるにも拘《かかわ》らず、その道の名人が書いたとしか考えられない絢爛《けんらん》たる技巧の限りを尽くした名曲に仕立て上げられている。チャイコフスキーの協奏曲はベートーヴェンやブラームスのものとは違うのみならず、パガニーニやヴィニアフスキーとも異なっているのである。彼の音楽の根幹にはドイツ古典楽の強固な筋金が入っている。しかし彼は飽くまでもロシア人なのである。このような様々の相剋的要素がチャイコフスキーの芸術の中で渦を巻き、これからそれらが如何に一つに綜合されて行くのかという五十三歳の一八九三年、《悲愴》を書き上げた直後に急逝して了《しま》った。それはまた彼が赴任を思い留まらせようとして弟分のケーベル先生に手紙を書いたその年であった。

バレエ音楽は麗わしい。協奏曲も見事である。しかしチャイコフスキーの多くの作品の中で最も重要なのは何と言っても交響曲である。殊に終わりの三つが素晴らしい。第四番は歓喜、第五番は哀愁、そして第六番は絶望などと解釈され、またそれなりに曲の性格を表わしているようにも思えるが、彼の交響曲を考える際には、第四番がブラームスの第一番と同じ一八七七年に、また第六番「悲愴」がドヴォルジャークの第九番「新世界より」と同じ一八九三年、即ちチャイコフスキーの没年、に書かれていることに留意する必要があろう。第五番（一八八八年）とはほぼ同時にマーラーの第一番の構想が進められ、他方ブルックナーはこの年までにすでに八曲の交響曲を書き終わっている。このように見て行くならば、それはまさに交響曲の大洪水であり、そのことが十九世紀のいわゆる「世紀末」に起こっていることを何と解釈すべきであろうか。二十世紀になってからもプロコフィエフやショスタコーヴィッチ、またシベリウスなどロシアや北欧諸国を主としていろいろと交響曲は作られたが、大層乱暴な言い草ながら交響曲とは所詮十九世紀の芸術現象であったのではあるまいか。

ハイドン、モーツァルト、ベートーヴェン、メンデルスゾーン、シューマンと来た流れの最後になって大爆発が起こる。それがブルックナーでありブラームスでありチャイコフスキーであり、またドヴォルジャークそしてマーラーらであった。このうち唯一人ブラームスを除くとあとはみなヴァーグナーのバロック的路線の上に在る。チャイコフスキーまた然り。彼らはみな好むと好まざるとを問わず、ヴァーグナーという一大巨星の持つ強烈な引力に幻惑されざるを得なかったのである。「如何なる条件の下にも私が親しく相識るを欲しない偉人」としてケーベル先生が名指ししているヴァーグナーが、先生の論文中になんとしばしば賞讃の意をこめて言及されることであろうか。その際不思議なことに彼の思想については語っても、音楽については全くと言ってよいほど沈黙が守られている。それとは反対にモーツァルト、アマデウス・ホフマン、シューベルト、そして現代からはブラームスらと相識になりたいと言っていることからして、先生がヴァーグナーの音楽に背を向けていたことは間違いないところであるが、その先生にしてあからさまにヴァーグナーに抗《あらが》うことはできなかったのである。それはチャイコフスキーにしてもドヴォルジャークにしても同じである。どこの国であれ国民楽派と呼ばれる音楽に共通して見られる特色は、それぞれの民族色を別にすれば論理的構成を重視する古典楽の手法の受容、そしてそこからの離脱である。それは彼らが古典楽をその末期段階の姿でドイツから受け入れたからである。

先にも記したようにチャイコフスキーの第四交響曲（Op.36）はブラームスの第一交響曲（Op.68）と相前後して一八七七年に書かれている。これら二つを比較して聴いて感じるのは、ブラームスが四楽章を通して極めて緻密な構成をとるオーケストラのためのソナタに仕上げているに対し、チャイコフスキーのはアンダンテ、カンツォーネ、ピツィカート、フィナーレ（アレグロ）の四楽章を相互には論理的な関連なしに繋ぎ合せた管弦組曲であるということである。彼はこの曲のすこし後に《弦楽のためのセレナード》（Op.48）を書いているが、それはアレグロ、ワルツ、エレジー（悲歌）、フィナーレ（アレグロ）の四楽章からなる弦楽合奏のための組曲で、甘美な旋律が次々と唱われて聴者を魅了することにおいては第四交響曲と全く変わりがない。つまりチャイコフスキーという作曲家はバレエ音楽を書くのと余り違いのない姿勢で交響曲を作っていると言えると私は思う。それがブラームスとの決定的な相違点である。第五交響曲（Op.64）の第三楽章は普通ならスケルツォかメヌエットが来るべきところ、はっきりワルツと指定されている。第六交響曲（Op.74）もその作り方は第四や第五と基本的には変わらないが、これは前二者の喜びや楽しさが一転して底知れない絶望感を色濃く感じさせ、作曲者がこの曲の完成直後に急逝していることから、何か個人的な事情があって自身の死に関する想いをこめたトレパックとして書いたのではないかとの推測を否定し切れないものがある。

ＳＰではメンゲルベルクに古く第四、五、六（一九二八―三七年）の全曲盤があり、フルトヴェングラーも一九三八年に第六番を録音している。これらのレコードは山また山のチャイコフスキー芸術を理解する上で、現在でも他に掛け替えのない手引であり、二大巨匠の競演は一九三〇年代末のレコードファンたちを深い陶酔境へと惹き込まずには措かなかった。それから間もなく世界は第二次大戦へと突入したのであった。

他方フランスの音楽事情は実にユニークであった。リュリ、クープラン、ラモーあたりからベルリオーズ、ショパン、グノー、ラロ、フランク、サン＝サーンス、ビゼー、フォーレ、ショーソンなどと思い付くままに音楽家の名を挙げてみて気付くのは、バロック期からいきなりロマン派へ飛ぶことである。つまり古典派がいない。従ってその発展的解消段階としての後期ロマン派もない。またロマン派へ入っても器楽にはベルリオーズとショパンの二人しかいないと言ってよい。絶対楽はフランクとサン＝サーンスに至って漸く生まれてくる。ビゼーも学生時代に習作として交響曲を一つ作った。その代わり彼らは（フランク、ショーソンを除き）みなオペラを書いている。オッフェンバックやマイアーベーアなども算《かぞ》えるとその分野での活動は実に活潑かつ絢爛たるものである。これはやはり国民性の致すところであり、またフランス的中華思想がドイツの古典楽を受け容れなかったためであろうか。

フランク

《交響曲　ニ短調》（一八八九年初演）、《ヴァイオリン・ソナタ　イ長調》（一八八六年）、そして《弦楽四重奏曲　ニ長調》（一八八九年）などの形式・内容ともに充実したセザール・フランク（一八二二―九〇）の音楽を聴くと、十九世紀も末に至るまでフランスに古典的絶対楽がなかったとは到底信じることの出来ない高い完成度に驚かされる。殊に《弦楽四重奏曲》は何人といえどもこれ以上のものは作ることの出来ない崇高なベートーヴェン讃歌である。それが楽聖の没後半世紀以上も経って、しかも生国のドイツではなくてフランスで作られたことに、私は国境や民族を越える芸術の不思議を想わずにはいられない。そして十九世紀末のフランスの音楽がそれに相応しい実力を備え、また人材を揃えて動き出したことを感じる。ミューズ神エウテルペはドイツを去ってフランスへ移ったのである。

ビゼー

天才と呼ばれる条件の一つとして夭折を挙げるなら、三十六歳で死んだジョルジュ・ビゼー（一八三八―七五）は享年三十五歳のモーツァルト（一七五六―九一）や三十一歳のシューベルト（一七九七―一八二八）とまさに短命を競った存在であった。しかし三人が似ているのはともに早逝したということだけで、モーツァルトとシューベルトが数え切れないほど多くの作品を残したのに対して、ビゼーは短い生涯の最後の年の作品一曲をもって音楽史上の不朽の人間となった。これは極めて対照的である。《カルメン》はおそらく世界で最も上演回数の多い歌劇で、あるいは《フィガロの結婚》を上廻るかも知れない。

どこが好いのかと言えば何よりも、滾々《こんこん》として尽きることなく湧き出でて、変幻自在を極めるメロディの美しさである。しかもそれは歌唱だけに限らず、全曲を支えて盛り上がる絶妙のオーケストレーションにも及ぶ。拍手をしたくなるのは何もプリマドンナのアリアだけではなく、前奏曲にしても間奏曲にしても、オーケストラの響きが聴くものをそのような浮かれた気分へと誘うのである。

これよりも上出来の悪漢小説（nouvelle picaresque）はないと言ってもよいプロスペル・メリメ（一八〇三―七〇）の傑作『カルメン』を翻案して波瀾万丈の見せ場を次々と繰り拡げる台本の作り方もうまい。その粗筋は小説中のドン・ホセの述懐、“monsieur, on devient coquin sans y penser...”（旦那、人はそれと気付かずに悪者になります。きれいな女が貴方の分別を狂わせ、その娘《こ》のために撲《なぐ》り合いをし、ドジを踏んで山中暮らしとなり、振り返る間もなく密輸業者から盗賊へと成り下がっているという次第で［拙訳］）に尽きる。私は《カルメン》を聴いていると、原作者メリメのことを想わずにはいられない。小説の全篇（と言っても決して長くない）を通じてホセなりカルメンなりのツレ役を演じる文化財保存局技官殿、即ちメリメの自画像、は台本ですっかり姿を消すが、代わって歌劇に登場するのがビゼーの音楽であるとでもいった感じを私は持っている。メリメはビゼーより三十五歳年輩で二人は親子ほど齢が違うが、三十二年間同時代人として生きていた。それは殆どビゼーの全生涯に近い。メリメがもう五年長生きしていれば、彼は自作を舞台で楽しむことも出来たはずである。つまり《カルメン》はビゼーにとって決して遠い昔の話ではなかったのである。

サン＝サーンス

ビゼーより三歳年長のカミーユ・サン＝サーンス（一八三五―一九二一）は私が生まれた翌年（大正十年）に死んだ。従って私が音楽を聴き出した頃はまだ現代楽という感じであった。フランクに較べると冗舌でかつ軽い。《動物の謝肉祭》（一八八六年）は特に有名であるが、彼の曲で私の好きなのは歌劇《サムソンとダリラ》の中のアリア「君が御声に我が心開く」である。オネーギンというスウェーデンのアルト歌手の唱ったレコードがあってそれをよく聴いた。しかし長い生涯のうちに三つの交響曲、五つのピアノ協奏曲、三つのヴァイオリン協奏曲、二つのチェロ協奏曲等々の大曲を数多く作り、フランクとともにフランスに絶対楽の確固たる基礎を据え、また祖国の音楽振興を計って同志とともに「国民音楽協会」(Société Nationale de Musique) を創立（一八七一年）し、若手の育成に尽くした功績は大きく、そこから出たドビュッシーやラヴェルらによって、単にフランス一国を越えた新しい音楽が生まれ、ウィーンでも起こったシェーンベルク、ウェーベルン、ベルクらの革新的動向と相対峙して、二十世紀の現代音楽が形成されて行くことになる。その状況はまた印象派、表現主義、フォーヴィスム（野獣派）、キュービスム、抽象と転々変貌する現代美術の流れとまさに呼応する現象であった。これまで常に明確なズレを示して来た美術史と音楽史がここで初めて足並みを揃えたのである。

——インテルメッツォ——

ここでまたドイツへ戻るに先立って書いておきたいことがある。それは二人の友人についての想い出であり、ことはヴァーグナーとブルックナーに関している。

四十年前にミュンヘンで識り合ったヨーハンネス・タウベルト博士は古美術の卓《すぐ》れた修復家であった。殊にニュルンベルクの聖ローレンツ教会堂の天井から下がるファイト・シュトースの木彫《天使の挨拶》の解体修理は彼の畢生《ひっせい》の大仕事で、そのために生命を縮めたかとも思われる。彼は戦時中東部戦線でソ連軍の捕虜となり、敗戦後はポーランドから木靴を履いて歩いてドイツへ戻った勇士であった。被弾して肩を傷めていたのがその死の遠因ともなった。《天使の挨拶》の修復が完成したとき、彼は国際交流基金から招かれ暫く日本を訪れた。彼がわが国の古美術修復技術に大きな関心を持っていたからである（両国の手法には対照的とも言ってよい相違があって、彼の来日は双方にとり有意義であったと私は思う）。離日を前にして彼が言うには、帰ったら直ぐバイロイトへ行く、ヴァーグナーを何時間も（あるいは何日も）じっと聴いているとどんな疲れでも癒《なお》るんだ、と。私はその言葉に感動した。それからほんの数年後彼は旧痾《きゅうあ》が悪化して死の床についた。私はテーゲルン湖畔のサナトリウムに彼を見舞った。その時はまだ思いの外に元気で、一緒に船を傭《やと》って湖を周航したりして娯しんだ。しかしそれが彼との永別となった。

　ヴァーグナーと言うと私はいつもタウベルト君のことを想い出す。しかし、だからと言ってバイロイトへ行ってみようとも思わない。ヴァーグナーの音楽は《ローエングリン、第一幕および第三幕の前奏曲》とか《ジークフリート牧歌》などを聴けば私には十分である。ＬＰ時代になってさしも長大な彼のオペラもそのすべてが録音されているが、ＳＰ期では当然のことながらさわりだけを聴かせた。トスカニーニ、フルトヴェングラー、ヴァルターらの大指揮者が戦前にヴァーグナーのどのような曲を録音していたかを見ると、《ローエングリンの前奏曲》、《「神々の黄昏」のラインへの旅と葬送行進曲》、それに《トリスタンとイゾルデ、前奏曲と愛の死》などがあり、殊に面白いのはヴァルターが《パルジファル》から「クリングゾールの魔法の庭園と花の乙女たち」の美しい合唱をオーケストラに編曲してSP四面にレコード化していることである。一九二五年、ヴァルター四十九歳のときの録音である。LP十面という長い曲の聴きどころを家庭へ持ち込もうとする一つの試みであったと思うが、作曲者の没後四十余年の当時においてヴァーグナーの音楽はまだまだ啓蒙を必要としたのであった。ヴァルターの演奏は実に麗わしい。八十年後の今日、本当に貴重なレコード（記録）である。

もう一つの想い出は、私が未だに名しか知らないアントン・ブルックナーに関するものである。この人の曲は何となく気が進まず積極的に聴いたことがない。機縁に巡りあえずにいるうちに七十年が経ってしまったという感じである。ブルックナーと言うと私には版画商Kの名が浮かぶ。病膏肓《こうこう》に入ったレコード狂であった――彼からは私が絶対に買わないような録音を幾枚も貰った。彼は私にブルックナーを聴くように勧めて止まなかった。彼は教育者であった――。ある晴れた日、談はマーラーに及んだ。私がこの作曲家に終生付きまとったであろう

Freund Hein（死神《フロイント・ハイン》）に触れて、度を過ぎた自己告白には小々閉口だと言うと、彼は言下に、「先生、ブルックナーは絶対無私ですよ」と言った。本当かね？　私は彼のその言葉の意味が今もよく分からない。

これも昔、オーストリアの田舎を歩いてザンクト・フロリアンの聖堂へ行った。死者の頭蓋骨がピラミッド状に積み上げられたアルコーヴのある教会であった。何でもそこにブルックナーの墓があるのだそうである。それからドナウ等三河が会するパッサウの町——洪水で有名——で、彼がそこのオルガニストをしていたという聖堂を訪ねたことがある。バロック期に改装されたゴシック教会堂で、私はそのときバロック芸術の強大かつ無残な破壊力（！）を目のあたりにし大いに悟るところがあった。確かタウベルト君の案内であったと思うが、随分と寒いその冬の日の朝、駅でビールを呷《あお》って働きに出る労働者たちの姿が印象的であった。

それから（これはレーゲンスブルクでの話であるが）、大聖堂付属の造営所へ行った。中世そのままのバウヒュッテ（Bauhütte、フランス語では chantier）が私には実に珍らしかった。赤々と火の燃える煖炉の前へ招じてくれた棟梁はまだ中年の人で、抽象画を描く画家でもあった。壁には古い形をそのままの道具類がところ狭しと掛けてある。私ははるか昔のゴシック聖堂の石工、ヴィラール・ド・オンヌクールその人に出会った想いで一杯であった。その時が恐らく私がブルックナーの一番近くにいたときであったと思う。彼はヴァーグナーを崇拝し、ヴァーグナーもまた彼の才を高く買って、「ベートーヴェンに近付いている男」と評したという。

第六章　クラシックの終焉

再びドイツへ戻る。先に記したように私はブルックナーに対してはなぜかこちらから進んで手を差し伸べようという気にならない。それとは反対にグスターフ・マーラー（一八六〇―一九一一）とリヒャルト・シュトラウス（一八六四―一九四九）の二人には親しみを感じる。強いてその理由を尋ねるなら、マーラーが《交響曲「大地の歌」》の歌詞に李白など中国詩人の作詩を使っていること、また昔ミュンヘンでシュトラウスの生家のごく近所に私が一年間暮らしたことなどが思い当たる。都心シュタッフース（カールスプラッツ）から市庁舎のあるマリーエンプラッツへ行く目抜き通りの右側に（今も）在るビヤホールのプショル家がリヒャルトの母の実家で、その裏口に面した小路に私の下宿があった。

すでに書いたように私はこの二人の仕事にドイツ古典楽の最末期のバロック的形態を見るのである。それは後期ロマン派などといった概念ではとても処理し切れない大きな積極的意義をもった世紀末的現象である。ほぼ同年の両者のうちマーラーは早くに（一九一一年）世を去るが、シュトラウスは二度の大戦を生き延びた。二人ともまず歌曲の作家であった。彼らの芸術は《さすらう若者の歌》（一八八五年）に始まり、《最後の四つの歌》（一九四八年）で終わる。マーラーはあまり長くない生涯に十篇の交響曲を書き、シュトラウスは交響詩そしてオペラに彼の最も輝かしい活動分野をもった。前者の交響曲はその形が悉く規矩から外れ（amorph）、あるいは歔欷《きょき》しあるいは咆哮《ほうこう》する大オーケストラにものを言わせて聴くものを陶酔境へと拉《らっ》し去る。演奏に一時間以上掛かる場合も寡《すくな》くない。古典的交響曲の枠組みをすっかり壊してしまっているので歯止めになるものがない。

マーラー

ベートーヴェンの《交響曲第九番》に倣《なら》って、マーラーはしばしば器楽と声楽とを結び付けようとした。歌詞も自分で書いた。しかしなまじ言葉があるために却ってイメージが具体的になり過ぎ、感興の飛翔を狭める結果ともなっている。この種の欠点はすでにベートーヴェンにおいて認められるものである。私は《第九「合唱」》を彼の最良の作品であるとは決して思わない。第三楽章までの次第に高揚して来た器楽合奏の醍醐味が、終わりの方に突如として入ってくる歌声のために破られるのは確かである。マーラーの場合、例えば《交響曲第四番「フモレスケ」》（一九〇〇年）の最終楽章で女声が歌う「天国の暮らし」の歌詞をみると、アルニムとブレンターノ共編の民謡詩集『少年の魔法の角笛』から採られたものではあるが、ペテロ、ルカ、ヨハネ、マルタ、ウルズラ、チェチーリア等の聖人聖女が天国に集って愉しい宴会を開くという甚だ俗ぽい内容で、これぞビーダーマイヤーの再来に他ならない。歌は確かに美しい。しかし私はペテロの禿頭を連想せずにはいられない。そのような卑近なイメージのために一体これほどの大オーケストラが必要なのであろうかとも思う。

　同じ《交響曲第四番》の第二楽章スケルツォも甚だマーラー的で、ここに世紀末人としての彼のペシミスティックな人生観が滲み出ているが、それはカプリッチオとも言えるものである。調子を脱した独奏ヴァイオリンが死神（ハインリッヒ）の旋律を奏する。中世の大道芸人が盛り場で弾いた曲である。このスコルダトゥーラ（不協和音）の調べを聴いていると私はヴィラール・ド・オンヌクールの素描を想い出す。ヴィオーレの響きに合わせて犬が踊っている。また近くはベックリーンの《自画像》

（一八七二年、ベルリン）が浮かんでくる。画家の背後で死神（骸骨）がたった一弦のヴァイオリンを奏《ひ》いている。しかしイーゼルに向かう画家には彼のおぞましい姿は見えていないのであろう。ただ音楽だけが聴こえてくる。死神は恐ろしいがまたそれゆえに親しい友人であった。ホルバインの木版画などにはっきり認められるように、（ドイツ）美術における死神の表現には一脈の滑稽味が添えられていることが多い。それがフモレスケ（ユーモレスク）の正体ではあるまいか。四楽章からなるこの交響曲では第三楽章（ポコ・アダージョ）が特に長い。そして全体を通じて「急ぐな」とか「慌てずに」といった指示が目立つ。彼は自分で陶酔することによって聴くものをも酩酊境へ誘うのである。これがバロックでなくて何であろうか。

マーラーのほぼ最後の作品が《交響曲「大地の歌」》（一九〇八年）であって、初演は作曲者の死後半歳を経た一九一一年十一月、愛弟子ブルーノ・ヴァルターの指揮によりミュンヘンで行われた。全六楽章からなり最終章が飛び抜けて長いが、それぞれに李白、孟浩然、王維、張籍（あるいは銭起）らの計七篇の漢詩を歌詞とし、テノールとコントラルトが章ごとに交替して歌いながら曲を進めて行く。テクストは作家ハンス・ベートゲ（一八七六―一九四六）の自由訳になる中国抒情詩選『中国の笛』

（一九〇七年初版）に拠っている。この人は中国だけでなく日本やインドやアラビヤの詩歌をもドイツへ紹介した作家であるが、原語が読めたわけではないらしい。『中国の笛』は西洋では珍しい袋綴じの装幀で、私が持っている第十版は一九一九年に出ているから相当売れたものと思われる。《大地の歌》の作曲年代から考えてマーラーが見たのは初版本であろう。

原文と歌詞とを対照しながら読んでみるとマーラーはかなり勝手な改変を加え、そのために詩としては意味がよく通じなくなったところも出てくる。作曲に当たって歌詞の優劣にあまり拘《こだわ》らないとはシューベルトよりもマーラーの歌について言うべきことかも知れない。しかし随処に噴き零《こぼ》れるばかりの美しさが現われる。彼のような大作曲家がオペラ座の常任指揮者を務めていたという時代はヨーロッパでも早くに過去のこととなった。《大地の歌》では王維と孟浩然の詩をつないで一つにした最終楽章が殊に美しい。そしてこれもまた交響曲なのだとすれば、ハイドン以来百五十年足らずの間に何という大きな変化が起こったことであろう。それはマーラーという一人の音楽家を遠く超えたクラシック楽そのものの自律的解消（autonome Auflösung）現象であったのである。

SP時代には、珍しくもこの《大地の歌》のライヴの全曲盤があったのを除いて、マーラーの交響曲のレコードは全くと言ってよいほどなかった。(ブルックナーについても同様である)。それを今では食傷するほど聴くことができる。これはLP文化の大きな福音の一つである。

R・シュトラウス

マーラーと性格的に対蹠点に立つ同時代人がR・シュトラウスであった。挫折を知らないかに見える彼の長い生涯の末期にはナチスの暗影が立ちこめてくるが、別にそれに動じた跡もない。むしろ適当に利用したのではあるまいか。私の手許の書物に一九四〇年(昭和十五年)ベルリンの大日本帝国大使館を訪れた際の彼の写真が出ている。わが建国二千六百年記念に寄せた《祝典音楽》(Op.84)贈呈のための訪問であった。作品番号も付けられているがこれは駄作である。この年の暮東京の歌舞伎座で初演され、私はラジオで聴いた。桜の花の咲いた列島で突如として富士山(?)が爆発し、寺から梵鐘が聴こえてくるといった趣向のものである。その次の作品がクレメンス・クラウスとの合作《カプリッチオ》であるだけに想いは複雑である。

《ドン・ファン》（Op.20　一八八九年）、《死と変容》（Op.24　同上）、《ティル・オイレンシュピーゲルの悪戯》（Op.28　一八九五年）等々の交響詩（Tondichtung）は若き日の彼の大才の鮮烈極まる迸《ほとばし》りであったが、そこには紛う方なきヴァーグナーの影が認められる。この分野での彼の仕事はさらに《ツァラトゥストラかく語りき》（Op.30　一八九六年）、《ある英雄の生涯》（Op.40　一八九八年）、《家庭交響曲》（Op.53　一九〇三年）、《アルプス交響曲》（Op.64　一九一五年）と続きかつ肥大して行くが、自己顕示とも受け取れるこれらの作品は、同じように長くはあるがもっと内面的で自己告白的なマーラーの交響曲に較べて、今日の聴衆に訴える力が薄くなって来ているように感じられる。それにしても彼ら二人のオーケストラを駆使する能力は抜群であった。

シュトラウスの真骨頂はやはり《ばらの騎士》（Op.59　一九一〇年）を代表作とするオペラ（楽劇）の分野に在る。作品の性格はさまざまであるが、私のディスコテークにも彼のオペラのアルバムが十冊ほど並んでいる。オペラとしては初期に属する話題作《サロメ》（Op.54　一九〇五年）はオスカー・ワイルドの戯曲の独訳に音楽を付けたもの。「七つのヴェールの舞い」が聴かせどころでまた観せどころでもある。全体に何となくドイツ表現主義絵画の強烈なインパクトを想わせるのはさすがに同時代作だからであろう（私は先にも記した若き友人、版画商のKからクレメンス・クラウスがウィーン・フィルを振り、ゴルツやパツァークが歌っている録音盤——一九五〇年代初頭——を貰った。テクストの邦訳には日夏耿之介《ひなつこうのすけ》さんの名訳を使った豪華版で、これが早逝したKの形見になった。LP文化の極点を示す名盤である）。

その三年後の《エレクトラ》（Op.58　一九〇八年）からフーゴー・フォン・ホーフマンスタールとの共作が始まり、《ばらの騎士》、《ナクソス島のアリアードネ》（Op.60　一九一二年）、《影のない女》（Op.65　一九一七年）、《エジプトのヘレナ》（Op.75　一九二七年）、と続き、《アラベラ》（Op.79　一九三二年）の構想中にホーフマンスタールの急逝（一九二九年）に遭って二人の共作は終わった。また《インテルメッツォ》（Op.72　一九二三年）はリブレット（台本）の執筆をホーフマンスタールに断られ、最後のオペラ《カプリッチオ》（Op.85　一九四一年）では友人で指揮者のクラウスとの共作という形になっている。リブレットの作者にホーフマンスタールを得たことはドビュッシーがマーテルリンクと出会ったのに似ている。ドビュッシーそしてシュトラウスにおいてオペラは初めて純文学を見染めて彼女と結婚したのであった。このことの意義は測り知れないほど大きく、また将来のオペラ制作への展望を切り拓く革命事でもあった。

しかし二人が違うのはシュトラウスが人声を歌わせることにかけてはドビュッシーより数段上手《うわて》であったことだ。殊に女声の扱い方がうまい。ソロであれ重唱であれ、どうしてテクストからこのようなメロディを引き出すことができるのかと呆れるばかりである。その才はモーツァルトにもおさおさ劣るまい。そう言えば劇の情趣を盛り上げるためによく性倒錯という手を使っている点もモーツァルトに似ている。男装の麗人である。これはあるいは台本作者ホーフマンスタールの趣味であったのかも知れないが、《ばらの騎士》のオクタヴィアン、《アラベラ》のツデンコなど、《フィガロの結婚》のケルビーノの分身と言ってよい。ただしモーツァルトのメロディは音痴のものでも口遊《くちずさ》めるが、シュトラウスではそうは行かない。私などオックス男爵の“ohne mich”や“mit mir”が精々といったところである。

それからシュトラウスの歌劇に関して感心するのは、彼がバロックやモーツァルトのオペラをよく研究し、そこの趣向を現代に立派に生かしていることである。畏友の渡辺護さんの説によるならば、シュトラウス歌劇は次の三通りに分類できるという。

即ち㈠《サロメ》や《エレクトラ》のように近代的な作曲技巧を凝らした極めて力強くかつ表現の烈しいもの、これらに後の《影のない女》や《エジプトのヘレナ》が続く。㈡《ばらの騎士》や《アラベラ》など豪華艶麗で耳に快いもの、そして㈢《ナクソス島のアリアードネ》、《インテルメッツォ》などの遊戯的な室内劇。最終作の《カプリッチオ》は㈡と㈢の要素を併せもっていると見るのである。㈡の中、殊に《ばらの騎士》に人気が集まるのは当然とも言うべく、私もまたその点では人後に落ちない。しかしホーフマンスタールの台本は易しいようでいて実は芯が固い。《ばらの騎士》は一七四二年ころという時点を設定して書かれた擬古文である。er とか sie とかの人称代名詞が単に三人称だけではなく二人称単数として会話の相手へ向けて使われる。テクストを読んでいる限りはまだよいが、これが舞台で頻繁にやりとりされるのを聴いていて正確に了解できる人が一体どの位いるものであろうか。

私の若い頃はシュトラウスもドビュッシーも当時の代表的現代作家であった。私が西洋音楽史に興味をもって最初に手にした本は題も著者も訳者もその名を忘れてしまったが、全巻の主題がドビュッシーかシュトラウスかという優劣論に終始していて、一般的な入門書としては全く役に立たなかったことだけをいまだによく覚えている。

一九三〇年代のことだ。それから七十年余りも経った今になって、私には漸くのことでドビュッシーやシュトラウスあるいはマーラーらの音楽がモーツァルトやショパンを聴くのと同じように身について来た。ドビュッシーからは限りなく新しいものが生まれたが、シュトラウスは自身が生きてきた世界に手ずから幕を下ろした。《二十三の独奏弦楽器のためのメタモルフォーゼン》（一九四五年ころ）と《最後の四つの歌》（一九四八年）は、すでに八十歳を越えて祖国の潰滅を目のあたりにした彼の深い情感をこめたこの世への告別の辞であった。

《最後の四つの歌》は現代詩人ヘルマン・ヘッセの詩三篇とロマン派の作家ヨーゼフ・フォン・アイヒェンドルフの詩一篇とを歌詞としている。その四番目、即ちアイヒェンドルフの「夕映えの中で」は私に《アラベラ》第二幕のアラベラとマンドリーカの二重唱を想い出させる。二つは実によく似ている。一つは若い男女の求愛の歌で、他は死を直前にした老夫婦の心情を唱っている。ドナウ河も私の邸の小川です、貴女はそこの奥様になるのです、とマンドリーカはアラベラを口説く。その何十年かの後に夫は妻に言う、こちらへお出で、もう直《じ》き眠りの時間だ、この淋しさの中ではぐれないように、おお、広く静かな安らぎよ、深く夕映えに浸って、何と旅に疲れたことだろう、これが死なのだろうか、と。私はシュトラウスの訃報（一九四九年九月八日）を数日後の新聞で知った。そしてついに垣間見る機のなかったことを嘆いた。私がミュンヘンへ行ったのはそれから八年後のことであった。

彼は一作ごとに常に世の話題を攫《さら》った。しかしドビュッシー、シェーンベルクあるいはストラヴィンスキーのような革新的なことは何もしていない。古典派、ロマン派の良き伝統を継いでそれを現代に生かした人である。私はシュトラウスでもってクラシック楽がその可能性の限りを究め尽くして本当に終わったのだと思っている。

第七章　二十世紀の音楽

一九二〇年生まれの私は二十世紀を八十年生きた。二十世紀は自分の世紀であった。そこでは美術でも音楽でも嘗《かつ》てなかった大きな変革が次々と起こり、人々は当惑しながら対応に追われた。抽象絵画とか無調性音楽とか、それを具現化していく芸術家本人以外には理解も共感も難しい無数の動向が、激しい消長を繰り返しながら現われてはまた消えていった。評論がこの世紀ほど重要視されたことはないが、その多くは言葉を弄ぶだけの百家争鳴に終わった。変革の世紀の全体像を明確なスコープとして摑み兼ねた歴史家は、その一つ前の十九世紀の芸術現象――例えば印象派――とか、それまで余り問題にされることのなかったもっと遠い昔の変革期――マニエリスムなど――の芸術へと視点を移して、それなりに見るべき成果をあげた。しかしそれらは現代――二十世紀――へ、もろに挑むためのウォーミング・アップか、または待ち時間稼ぎであったとの印象が強い。そして今の私には、二十世紀がはっきりとしたイメージを結ぶところまで遠ざかっていくのを待つ時間はない。

私は自分が同時代人として八十年の長きに亘って生きて来た現代の芸術——美術も音楽も文学も——から頑《かたく》なまでに眼を背け、霞《かすみ》のかかった彼方に遠退《とおの》いた古典を追い求めようとした。その態度は余りにも怯懦《きょうだ》であった。しかしそれにも拘らず、そのような私を魅して止まない現代からのメッセージがあったことも確かである。

例えばストラヴィンスキーのバレエ音楽《ペトリューシカ》（一九一一年）のフォーヴィスム（野獣派）と呼んで良い強烈な音の饗宴の中から不意に聴こえてくる民謡調の旋律の何とチャーミングなことか。それと同じようなことがプロコフィエフやバルトークの作品についてもいえ、それらのもつ抗し難い魅力に自分もまた現代人のひとりであることを遮二無二認めさせられて了《しま》う。それにしても二十世紀の芸術の革新とはまことに暴力的であった。美術にせよ音楽にせよ、私はその騒然たる革命に対し、ひたすら眼を瞑《つむ》り耳を塞ごうとするばかりであった。そういう私に二十世紀の芸術を論じる資格はないであろう。

しかし絵画の世界でカンディンスキーやマティスやピカソらが出現するに先立って、マネやモネやセザンヌの存在があったのと同じく、音楽の分野でも、ストラヴィンスキーやプロコフィエフやバルトークたちよりも早くにドビュッシーやシェーンベルクやラヴェルがあって、十九・二十世紀の交において格別の擾乱《じょうらん》を伴うことなく、また多少なりとも美を失うことなく大きな革新を成就し、二十世紀芸術への道を開いたことを見忘れてはなるまい。そのようなことを考えながら以下に話を音楽に絞り、ドビュッシーとラヴェルの二人の仕事をみることにしよう。

ドビュッシー

人がクロード・ドビュッシー（一八六二―一九一八）の音楽を印象派と呼ぶのは、「映像」二巻（一九〇五、〇七年）とか「前奏曲集」二巻（一九一〇、一三年）とかに収められた《野を渡る風》、《雪の上の足跡》、《西風のみたもの》、《花火》、あるいは《水の反映》、《動き》等々の小曲が、束の間の光や音の閃きを譜面に捉え、それを聴くものが眼前にさながら印象派の絵画をみる想いに駆られることに基づくのであろう。これらの曲集が作られた二十世紀初頭にはモネもルノアールもまだ健在で印象派の評価は疾《と》くに定まっていた。アナトール・フランスの初期の中篇小説『ジョカストと痩猫』（一八七九年）の中に、雪中の鴉や屋根の上の猫など印象派の若い画家が描いたどぎつい乱暴な略画で飾られていたという場末のカフェの描写がある。猫はいさ知らず、雪中の鴉は印象派に打ってつけの画題である。ドビュッシーはそれらの印象派（一八七四年旗上げ）の画家やまた象徴派の詩人たちとの交際を通じて得た感覚を作曲の上に反映させることを試みた。

決して易しくはなかったが何となく魅力のある彼の音楽を、私は随分と長い時間を掛けて聴いてみた。そしてようやくそれに耳が馴染んで来た近頃になって思うのは、彼に貼られた「印象派」のレッテルを彼は韜晦《とうかい》の具として使ったのだろうということである。例えば「前奏曲集　第一巻」の第六曲《雪の上の足跡》の左手の刻むリズムは蕭条《しょうじょう》とした雪景色を表わすと作曲者自身が言う。しかし彼がこの曲で本当に表現したいのは凍《い》てついた窓外の景などではなくて単純なバッソ・オスティナート［反復される低音］が作り出す心理的効果の実験であろう。雪とか足跡などの言葉は彼の求める効果を聴くものに与えるためのヒントにすぎない。十二曲ずつを収めた彼の二巻の「前奏曲集」は形はバッハ、ショパン、スクリャービンに連なる伝統を追いながら、目的は調性音楽からの脱却という先輩たちとは正反対の道を志すものであった。印象派は借りるのに極めて好都合な庇《ひさし》を彼に貸したのである。

「前奏曲集」から三、四年して書いた「十二の練習曲集」二巻（一九一五年）では詩的な題名はすべて姿を消し、代わって《三度のために》とか《オクターブのために》などの音楽用語が使われているが、それらに例えば「夕立ち」とか「ショパンの想い出」などと名付けることは私たちの勝手であろう。しかし作者はもはやその必要を認めなかったのである。

音をもってかたちを描写するには、水は最適の対象であって、リストの《エステ荘の噴水》（一八七七年、「巡礼の年、第三年」第四曲）、ラヴェルの《水の戯れ》（一九〇一年）、そしてドビュッシー自身の《水の反映》（一九〇五年、「映像　第一巻」第一曲）や、《オンディーヌ》（一九一〇—一三年、「前奏曲集　第二巻」第八曲）と続けて聴いてみて感じるのは、先ずリスト、そしてラヴェルの曲で極まった写実——それは私にクールベの絵を想わせる——が、ドビュッシーでは次第に水を離れて和音の実験とかアルペッジオ［分散和音］の効果の追求などを通じ、印象というよりも象徴へと向かって進んでいることである。その彼に詩人マラルメやマーテルリンクの文学から題材を得た作品があるのはいかにも肯ける。即ち彼の中期の名作《「牧羊神の午後」への前奏曲》（一八九四年）はマラルメの詩「牧羊神の午後」（一八七六年）にモチーフを得て作曲したもので、印象的というよりははるかに象徴的である。また十年の歳月をかけて完成させ世に問うた大作オペラ（作曲者自身は抒情劇と呼ぶ）《ペレアスとメリザンド》（一九〇二年初演）では、戯曲そのものがマーテルリンクの作品であることからしてもさらに象徴的性格が強まっている。

《ペレアスとメリザンド》は彼が大きな関心を抱いていたヴァーグナー歌劇の研究から、しかもそれに反撥する意図をもって書かれたと言われている。派手なアリアなどの全くない地味な朗唱（déclamation）に終始し、大編成のオーケストラがこれも極めて控え目に情趣を盛り上げながら一時間半ほどの劇を進めて行く。台詞のやりとりに曲の全生命が掛かっているので、フランス語が分からなければ面白さも半減するであろう。これを全曲通して聴くには相当な忍耐を要するが、後味は爽かである。強いて聴きどころを挙げるなら第三幕第一場で長い髪を梳《くしけず》りながらメリザンドが歌うのをきいてペレアスが近付いてくる場面で、昔からここだけはレコードがいろいろあった。第四幕第二場では嫉妬に狂ったゴローが彼女の長い髪の毛をもってメリザンドを床に引き仆《たお》す。そしてアブサロムの名を口にする。アブサロムは旧約聖書『サムエル後書』（一三―一八）の近親相姦をめぐる兄弟殺しの話に登場する人物であるが、戦陣で長い髪をテレビンの木の枝に引っ掛けたところを敵に殺される。終幕でのメリザンドの死を予兆するこの場の他にも象徴的な条はいくつもある。

他面《「牧羊神の午後」への前奏曲》と前後して作曲された《弦楽四重奏曲　ト短調》（一八九三年）は見事な古典的整合性をもっており、その四年前に書かれたセザール・フランクの《弦楽四重奏曲　ニ長調》や十年後のラヴェルの《弦楽四重奏曲　ヘ長調》（一九〇三年）と並んで、この分野で独占の観のあったドイツ音楽に対峙しうる地歩をフランスに与えた傑作である。このようにドビュッシーの仕事を見ていくと、彼に冠せられた印象派の名が決して適切ではないことを改めて考えさせられる。彼の作品は単にヴァーグナー批判に留まるものではなくて、十九世紀末まですくなくとも二百五十年の伝統をもつ調性に基づく西洋音楽を根柢から変革しようとする試みであった。二十世紀の音楽は彼によって基盤を与えられ、彼から出発して行ったのである。彼はジャポニズムの時代の人として日本や東洋の美術に関心があった。「映像第二巻」（一九〇七年）の第三曲《金の魚》はおそらく色地のガラスに金線で和風の鯉を描いたエミール・ガレなどの花瓶にでも興を唆《そそ》られたものかと思われる。

ラヴェル

ドビュッシーと並んでいつも一緒に論じられるモーリス・ラヴェル（一八七五―一九三七）はドビュッシーよりも十三歳若い。したがってラヴェルにとってドビュッシーの革新的な仕事は極めて魅惑に満ちたものであり、いわば彼は先輩が拓いた新しい道を踏みながら楽界へ登場したと見て良いであろう。しかし、二人の音楽には早くから一味違ったところがある。絢爛華麗で手が混んでいながらラヴェルの方が分かり易いのである。それは何故であろうかと考えてみて思うのは、彼が新しい音楽を書きながらも、それを古来の形式にうまく嵌《は》め込んでいることである。

二十世紀の冒頭を飾る名作ピアノ曲《水の戯れ》（一九〇一年）は演奏時間五分ほどの短い曲であるが、そこでは二つの主題が交互に唱うソナタ形式が実にうまく使われている。またこの曲はリストの《エステ荘の噴水》（一八七七年）を踏まえて作られていて、出だしの第一主題は明らかにリストからの借用である。両曲ともにフランス語の題名が Les Jeux d'Eaux à la Villa d'Este であるように、勢いよく噴き上がっては落ちて砕ける水の姿を音で描いている。対してラヴェルの曲の四年後につくられたドビュッシーの《水の反映（Reflets dans l'eau)》（一九〇五年）は写実というよりも池や湖の水面にきらめく光の動きを捉えようとしている。印象派の名のある所以である。そして偕《とも》にピアノならではの曲である。一九二〇年代初頭の録音かと思われる、アルフレッド・コルトーが弾いた《水の戯れ》のレコードが我が家にあって、私は小学生のころから何も分からぬままにそれを聴いていた。ドビュッシーを知ったのは成人してからのことであるから、私はラヴェルの方に早く出会ったことになる。

両者を対比するのに好適なもう一つの例を挙げると、それは弦楽四重奏曲である。ドビュッシーのは一八九三年に作られ、またラヴェルのはその十一年後の一九〇四年に発表された。後輩は瞭《あきら》かに先輩の作品を意識し、それに拮抗しようとしている。ラヴェルの曲が出来たときドビュッシーは「音楽の神々と私との名において、貴君の弦楽四重奏曲には一音といえども手を入れるところがない」と激賞したと伝えられているが（門馬直美氏のレコード解説に拠る）、本当にそう思ったのであろう。と同時に先輩としての余裕をも見せている。ラヴェルの出来は完璧である。しかしメロディの唱わせ方はドビュッシーの方が勝《まさ》っている。このように優れた後輩に後《あと》を追いかけられる先輩の気持を味わってみたい気もする。とにかくこれらの二冊はベートーヴェン以後に書かれた弦楽四重奏曲の中での最高の傑作である。それが十九世紀末二十世紀初頭の、しかもフランスで作られたことには大きな感銘を覚えずにはいられない。

ラヴェルの曲で私にとりもう一つ忘れ難い作品は管弦楽曲《ボレロ》（一九二八年）である。決して激しい曲ではないが聴いている間に一切を忘れて身体ごとその中へ持っていかれて了《しま》う。ラヴェルの母親はバスクの出身で息子にイベリアの血を濃く伝えた。有名な《スペイン狂詩曲》（一九〇七年）は言うまでもなく、ピアノ曲集『鏡』（一九〇五年）の中の《道化師の朝の歌（Alborada del Gracioso）》にしても、またこの《ボレロ》にしても、そこから響いてくるスペインのリズムはラヴェルが元来体内にもっているものなのである。それが神業といってもよい絶妙のオーケストレーションに支えられ、また磨き抜かれた繊細なエスプリによって味付けされて《ボレロ》となった。この曲が作られて間もなくラヴェル自らが指揮したものを含めて何種類かのレコードが出た。そのときの評の一つに「オーケストレーションの巧さだけが残って、いかにも［作曲者の］創作力の衰退を語っている」曲であるというのがあった。専門の評論家の理解をすら越えた問題作であったことが分かるが、また新作の適確な評価がどんなに難しいかを教えてくれる話でもある。《ボレロ》を聴くとそのことを思い出す。

付　ケーベル先生の音楽論

ラファエル・ケーバー（一八四八―一九二三、以下ケーベル先生という）は一八九三年（明治二十六年）に四十五歳で来朝し、その後一度もヨーロッパへ戻ることなく、一九二三年（大正十二年）に七十五歳で逝った。日本滞在はまさにその熟年の三十年間に当たり、師事する学生たちとの年齢の、従ってまた識見の隔差には大きなものがあり、明治・大正期の日本の知識層に深甚なる影響を及ぼした。

先生は初め音楽家を志しモスクワの音楽大学でニコライ・ルービンシュタインやチャイコフスキーらに師事し、殊にピアノの演奏に長じたが、二十四歳の年（一八七二年）ロシアを離れて父祖の土地ドイツへ移り、イェーナ、ハイデルベルク、ミュンヘン等の大学で哲学を専攻し、前記のごとく一八九三年東京の帝国大学より請われて哲学科の教授となり、傍ら音楽学校でピアノ科の授業をも担当した。晩年三巻の『小品集（Kleine Schriften）』を刊行したが、その第一巻の中に「音楽雑感」と題する一文が載っている。先生はそれに先立って、もし罪を得て無人島へ流されたらその際には何を持って行きたいかとの問いに対し、聖書やトーマス・ア・ケムピスの『イミタティオ・クリスティ』、ゲーテの『ファウスト』などを挙げ、最後にハイドンとベートーヴェンの弦楽四重奏曲の小型の総譜をと答えている。

「私はそれを読み、そして同時に最も美しい音楽を聴くであろう。日本へ来て音楽らしい音楽を聴くことができないようになって以来、私はわが「ドイツの」大音楽家の作品を読むことにしている。これによって私はこれらの作品の馬鹿げた演奏から受けるよりも遥かに大きな楽しみを享《う》けるのである」（久保勉訳『ケーベル博士随筆集』）

先生にとって極東の島国日本は決して荒蕪《こうぶ》の地（Wüstenei）ではなかったはずであるが、こと音楽に関しては眼をもって聴くという窮余の策に頼らざるを得なかったことは十分に理解のいくところであり、殊に「多くの曲を私自ら満足するように弾き得ない」──老境に入ってからはその念《おも》いは日増しに募ったと思われる。師ハルトマンに説得されて渡日を決意した際に唯一人反対に廻った師友のチャイコフスキーが先生に書き送ったという手紙、「君のごとく純然たるヨーロッパ人の権化とも言うべきもの、しかもかなりの年齢に達しているものは、東洋へ行って居心地のよいはずは決してない。そして郷愁は君を不幸ならしめるであろう」のいうその郷愁とは、偏《ひと》えに音楽的環境を意味するものであったと解しても強弁とは言えないであろう。大正三年（一九一四年）八月、在日二十一年の後にドイツへの帰国を思い立った六十六歳の先生の胸中に去来したものは、（先生の言葉を借りるなら）「人を幻想境へ拉しさる」バイロイトやミュンヘンの劇場の景ではなかったかと私は思う。しかし横浜解纜寸前の第一次欧州大戦の勃発により、この企図は永遠に実現することなく消え去ったのであった。先生はそれから九年生き長らえる。

ケーベル先生のいう馬鹿げた演奏（stümperhafte Ausführung）とは何か。

「およそ作曲家に具《そなわ》っているところの音楽に特有な才能（spezifisch musikalische Begabung）を最も適確に語るものは、モチーフを作りそれを展開させる（durchführen）技術である。そして変奏曲（Variation）ほどそれを明白に示す形式は他にない。たとえ最も美しいメロディー、最も情緒豊かな音楽を構想する作曲家があろうとも、彼がもしこの才能を欠いているならば、彼は偉大な作曲家の中に数えられてはならないと私は思う――例えばショパンのごときは。ピアノの専門家、またアマチュアや淑女たちのこの寵児をば、作曲家として、詩人としてかの三人の偉大な同時代人、即ちメンデルスゾーン、シューマン及びリストと同等に、否、しばしば見られるごとく彼らの上に置くということは全く許すべからざることである。（中略）ベートーヴェン以前の古大家や〈三大B〉（バッハ、ベートーヴェン、ブラームス）や、メンデルスゾーン、シューマンらの作品をいわゆる〈ショパン弾き〉が演奏するのを聴くこと、これほど音楽家にとって堪え難いことはない。（中略）ショパン自身の作品――その最も優れたもの、即ちエチュード、スケルツォ、バラードおよび若干のノクチュルヌなどに限って言うのであるが――と言えども、それらが本当に美しいのは、一般の聴き手からは〈冷ややか〉として喜ばれないように弾かれるときに限るのである」（同）

　この辛辣なショパン評は、それが書かれた二十世紀初頭からすでに百年近くも経った現在では到底理解し難いものであるが、少年の私がクラシック楽に興味を持ち始めた一九三〇年代ころまでは、まさにケーベル先生の言う「馬鹿げた演奏」こそが本道と思われていたのを私は朧気《おぼろげ》ながらも知っている。先生はピアニスト（ショパン弾き）の中の誰々を考えてそのように呼んだのか。名は挙げていないから断定はできないが、私の憶測を言えば先生と同い齢のロシア人ウラジーミル・ド・パハマン（一八四八―一九三三）や、ポーランドの首相を務めたこともあるヤン・パデレフスキー（一八六〇―一九四一）などが念頭に在ったとみて間違いはないであろう。テンポ・ルバートを駆使し、また何よりも音色の美しさを尊重した彼らの演奏（あるいは演戯）はその風貌や奇行（弾きながら饒舌《しゃべ》るなど）と相俟って十九世紀末から二十世紀の初頭へかけてまさに一世を風靡《ふうび》した。先生は彼らのその芸風を嫌ったのである。

一九三六年、ド・パハマンは既に亡く、自らも七十六歳の老境にあったパデレフスキーは珍らしくもベートーヴェンの《月光ソナタ》を録音した。それは私――当時十六歳――が入手した最初のこの曲のレコードであった。演奏の巧拙などまだ分かるべくもない齢頃であって、私はこのレコードとの出会いにただ狂喜したのであったが、評論があまり芳しくないのが不思議であった。あらえびす氏の評は「パデレフスキーの特殊な趣味はかなり横溢している。お稽古の足しにはならないが（中略）この人に特有の盛り上げ方は、さすがに老巧練達云々」（『名曲決定版』）と言い、野村光一氏は「老巨匠の晩年の記念品となるべきものである。従って、演奏は以前よりは老衰したところがあり、而も故意に表現を誇張した傾きがあつて、優れた出来映えを示してゐない。特にリズムが崩れるのは遺憾である。就中《なかんずく》、第二第三両楽章は芳ばしからざるものである」(『改訂新版　名曲に聴く』上巻)とかなり否定的である。もちろん加齢ということも有ったであろう。しかし弾き崩しは老年のためというよりもパデレフスキーの演奏の本質なのである。時代が、そして聴衆がそのスタイルを歓迎した。

しかし彼やド・パハマンの最盛期に生まれた人たちがピアニストとして成人し活動を始めるようになった一九二〇年代から、出来るだけ楽譜に忠実であることを求める「新即物主義 Neuesachlichkeit」の芸術動向が次第に顕著となり、最も若い階層ではヴァルター・ギーゼキング(一八九五年生まれ)やウラジーミル・ホロヴィッツ(一九〇四年生まれ)、もうすこし年輩ではアルトゥール・シュナーベル(一八八二年生まれ)、そしてヴィルヘルム・バックハウス(一八八四年生まれ)たちが盛んな演奏・録音活動を行うに至って、ド・パハマンやパデレフスキーの威光が急激に揺らいで行った。前記の《月光ソナタ》のレコードの話はそれを象徴するような出来ごとであったと私は思っている。ケーベル先生はこの若い世代の先駆者であったのである。

一八八三年の秋とのことであるが、先生はベルリンに哲学者エドゥアルト・フォン・ハルトマンを訪ねたとき、請われてピアノの前に坐り、ベートーヴェンの《ソナタ　第二十七番》(Op.90)を弾いたが、それに先立って(おそらく指ならしのために）ショパン、ショパンの小品二、三をも演奏した由である。このショパンの曲が何であったかは書いてないが、これは聴きものであったろう（『ケーベル博士小品集』第一巻「ハルトマン追憶」一九〇六年記に依る）。

一九九八年（平成十年）はケーベル先生生誕百五十年に当たった。それを記念して一枚のCD『9つの歌』（音楽之友社）が発売された。先生が一九〇三年から翌年へかけて作曲した九篇の歌曲（リート）をピアノの伴奏にのせてソプラノが独唱している。制作後およそ九十五年が経過して初めて私たちの耳目に入ることとなったこれらの歌の中には、ゲーテの『ヴィルヘルム・マイスターの修業時代』第三巻の冒頭で可憐な少女ミニョンが歌う「ご存知ですか、あの国を（君よ知るや、南の国）」が含まれているのが特に印象に残る。曲は何とはなくブラームス、殊にその歌曲《君はわが女王（Wie bist du, meine Königin）》（Op.32-9）に似ていると私には感じられるのだが、当たっているかどうか。ピアノ伴奏が実に美しく、そこで先生自らが弾いているかに思える。

この歌曲集からもう一つ挙げると、先生の同時代人でグスターフ・ファルケ（一八五三―一九一六）という詩人の「私が死んだら（Wenn ich sterbe）」を歌詞とする第六曲も頗《すこぶ》る印象的である。

“Legt rote Rosen mir um meine Stirne,
Im Festgewande will ich von euch gehn,
Und stoßt die Fenster auf, daß die Gestirne
Mit heiterm Lächeln auf mein Lager sehn.
Und dann Musik! Und während Lieder schallen,
Von Hand zu Hand der Abschiedsbecher blinkt,
Mag mählich über mich der Vorhang fallen,
Wie Sommernacht auf reife Felder sinkt.”

紅いバラの冠を私の額に巻いておくれ、
私は晴衣を着て君たちと別れたいのだ。
そして窓を押し開けておくれ、
星々が朗らかな微笑を浮かべて私の棺を見下ろすように

さあ音楽だ！　歌が響き
訣《わか》れの盃が手から手へときらきら輝くとき
帳《とばり》が私の上へ降りて来て欲しい、
夏の夜が沃野に沈んで行くように。

葬送のリズムで緩《ゆっく》りと唱われるこの歌は、第二節の冒頭「さあ音楽だ！」で突然強奏へと変わり、やがて次第に元のリズムへと戻って終わる。この歌が作られておよそ二十年後の先生の臨終はまさにそれを実地に行《い》ったものであったかと思われる。Und dann Musik! そしてこれを含む『9つの歌』は、奇しくも生誕百五十年を祝う後生（Nachwuchs）たちへの先生手ずからのこの上なく美しいお返し（Gegengabe）となったのであった。

おわりに

変貌と回帰

ヴァーグナーを貶《けな》しブラームスを持ち上げたことでよく知られる音楽学者エドゥアルト・ハンスリック（一八二五―一九〇四）が、その『音楽美論』（一八五四年）の初めに次のようなことを言っている。彼は若いころピアノ教師をしていて宝くじで四万グルデンという大金を当て、それで美人を射とめ、また音楽評論家への道を歩んだことでも有名な人である。曰く、

「ハイドンの交響曲から流れ出る気楽さと清らかな健全さに対し、［モーツァルトの音楽に初めて接した人たちは］そこに激しい情熱や真剣な闘争、身を苛《さいな》むばかりの苦痛の爆発を感じた。しかしその一世代あとで人びとはベートーヴェンとモーツァルトとの関係にまさにこのモーツァルトとハイドンのそれと同じ結論を下した。激情の代弁者としてのモーツァルトの地位はベートーヴェンが継承することになり、モーツァ

ルトはハイドンのもつオリンピア的典範性へと昇格したのである」と。

即ち音楽は次第に強い刺激を求めて先へ進んでいくというわけである。しかしメンデルスゾーンやシューマンに対して好意的であったハンスリックは、ヴァーグナーやブルックナーに向かっては猛然と嚙みついた。これは晩年のベートーヴェンに関してすでに彼が懐疑的であったことを示している。

音楽は、そしてすべての芸術は、確かに常に変貌しつつ先へと進む。それはハンスリックの言う通りである。しかし同時にまた過去へ回帰しようとする動きをも示すものである。音楽史上にルネッサンス的現象と認むべき動向は極めて稀少であるとしても、私には少なくとも二つの事例、即ち一つはバッハへの、そしてもう一つはハイドンへの回帰を指摘することができるように思われる。

《平均律クラヴィーア曲集》はバッハ以後「前奏曲集」という形へと姿を変えて、ショパン、スクリャービン、ラフマニノフ、ショスタコーヴィッチという系列を作った。諸家の狙いはすこしずつ違うが、一つの調性に対して彼らが感じるところを前奏曲として表現しようとすることでは同じである。彼らの中で一番新しいショスタコーヴィッチは《前奏曲集》（Op.34）のみに留まらず、《二十四の前奏曲とフーガ》

（Op.87）をも書いている。私は彼の曲をバッハと比較して聴くことによって、――しかしそれは娯しい仕事であったとは言いかねる――いわばバッハに導かれてショスタコーヴィッチの音楽へ近付くことができたという想いをもっている。

他方ハイドンについては、ドビュッシーの《弦楽四重奏曲》（一八九三年）、そしてラヴェルの《弦楽四重奏曲》（一九〇二―〇三年）と《ソナチネ》（一九〇三―〇五年）、さらにはプロコフィエフの《古典的交響曲》（Op.25 一九一六年頃）など、いずれもハイドン回帰を念頭において作曲されたもので、この場合も私はハイドンに手を取られて現代楽へ辿りついたと言えるであろう。バッハにおいては調性音楽の確立、そしてハイドンではソナタ形式の完成といった特筆すべき功業が（もちろん彼らだけの仕事ではないとしても）、生誕や逝去を記念する年ごとに改めて回顧される所以であろう。とにかくバッハとハイドンの二人の音楽史上に占める地位は別格である。

それにしてもハンスリックが激しく攻撃したヴァーグナーであれブルックナーであれ、ともに今では立派な古典である。未来を読むことは本当に難しい。ただ私はハンスリックのような明確な自己の所見――それが間違っていてもよい――をもった批評家が歯に衣を着せることなく現代楽を品等してくれることを切望して止まない。貶すばかりが批評の能ではないが、褒めるのはもっと難しい。レコードやラジオ放送などで接する曲目や演奏解説のあまりにも無定見な讃辞の羅列には本当に腹が立ってくる。それに耳を傾けることによって、現代楽を理解しようと真摯に願っている人たちがいることを忘れないで欲しいものである。

以上十七世紀末から二十世紀初めあたりまでの西洋音楽史のあらましを追って来た。好むところに偏して通史としては体をなさないが、本書は私が七十年間専《もっぱ》らレコードを聴きながら音楽について感じたことやまた音楽史の組み立て方について、「もの言わざるは腹ふくるる業《わざ》」とばかりに吐き棄てた戯言《ざれごと》である。殊にバロック音楽とか後期ロマン派などという呼称には大きな違和感を覚えるので、美術史家としての所見を率直に述べてみた。ノミナリズムの問題として簡単に片付けないで、広く芸術学の立場から音楽史家の批判を受けることができればと願っている。

書きたいが書けなかったことの一つにヴェルディ（一八一三―一九〇一）などの十九世紀のイタリア・オペラがある。電気式録音に切り変わる以前のアクースティック時代のレコードと言えば、歌劇のアリアか重唱、そしてヴァイオリンの独奏曲が主流をなしていた。歌手ではテノールのカルーソー、バスのシャリアピン、ソプラノのガリ・クルチやダル・モンテらのレコードが圧倒的に人気を攫《さら》っていた。白い犬が朝顔型に開いた喇叭《らっぱ》に耳を傾けて聴いている“His master’s voice”のラベルはまさに打ってつけの商標であった。わが家に一番沢山あったのがその種の声楽盤であったから、私はリゴレットの《女心の歌》とか四重唱とか、また《浄《きよ》きアイーダ》等々のヴェルディ歌劇の名旋律にいろいろと親しんだ。しかしそれらは結局断片に過ぎず、歌劇の全容を知るには程遠いものであった。ＳＰの末期には全曲盤もあったが一組十数枚とあっては到底手が出ず、それに何よりも言葉の障壁があってリブレット（台本）に一通り眼を通すのが大変であった。そのようなことから私はいまだにイタリア歌劇からは迂遠である。音楽といっても私が専ら親しんだのはドイツの音楽であるから、そこからウルトラモンターネ（山の彼方）の空を望むと何ごとであれ一切が別世界に見える。歌もまたそうである。リヒャルト・シュトラウスの歌劇《ばらの騎士》（一九一一年初演）の第一幕で、元帥夫人の寝室の控えの間に他家から送られて来たテノール歌手が美声を張り上げて夫人の御機嫌をとろうとする場面がある。それまでのモーツァルト調の曲作りの中で突然聞こえてくるイタリアのベルカントは、何とも強烈である。シュトラウスはこの歌劇のある公演で歌手役にカルーソーを使おうとしたが出演料があまりに高額なので諦めざるを得なかったという話がある由（渡辺護氏の解説に拠る）。シュトラウスの狙いが何となく分かるような気がする。イタリア歌劇についで今私に言えることはこれくらいである。

生悟《なまざと》りの音楽論、もうこのあたりで打ち止めとしよう。

ラロ (1823−92)
ブルックナー (1824−96)
ブラームス (1833−97)
サン＝サーンス (1835−1921)
ビゼー (1838−75)
チャイコフスキー (1840−93)
ドヴォルジャーク (1841−1904)
グリーグ (1843−1907)
フォーレ (1845−1924)
ショーソン (1855−99)
マーラー (1860−1911)
ドビュッシー (1862−1918)
R・シュトラウス (1864−1949)
シベリウス (1865−1957)
スクリャービン (1872−1915)
レーガー (1873−1916)
ラフマニノフ (1873−1943)
シェーンベルク (1874−1951)
ラヴェル (1875−1937)
バルトーク (1881−1945)
ストラヴィンスキー (1882−1971)
ウェーベルン (1883−1945)
ベルク (1885−1935)
プロコフィエフ (1891−1953)
ショスタコーヴィッチ (1906−75)

本書で言及された主な作曲家

ヴィヴァルディ（1678−1741）
スカルラッティ（1685−1757）
バッハ（1685−1750）
ヘンデル（1685−1759）
グルック（1714−87）
ハイドン（1732−1809）
モーツァルト（1756−91）
ベートーヴェン（1770−1827）
ホフマン（1776−1822）
パガニーニ（1782−1840）
シュポール（1784−1859）
ヴェーバー（1786−1826）
マイアーベーア（1791−1864）
レーヴェ（1796−1869）
シューベルト（1797−1828）
ベルリオーズ（1803−69）
メンデルスゾーン（1809−47）
ショパン（1810−49）
シューマン（1810−56）
リスト（1811−86）
ヴァーグナー（1813−83）
ヴェルディ（1813−1901）
グノー（1818−93）
オッフェンバック（1819−80）
フランク（1822−90）

解説

下村耕史

本書の著者前川誠郎（一九二〇―二〇一〇）はデューラー研究で国際的に知られた美術史家である。筆者は九州大学文学部で先生の教えを受け、その後先生は東京大学に文学部教授として転任された。先生は九州大学に赴任する前、ミュンヘンのドイツ中央美術史研究所でレオナルド・ダ・ヴィンチ研究の泰斗ハイデンライヒ教授のもとで研鑽を積まれた。先生は研究所で行われたミュンヘン大学のゼミの模様などを、九大の演習でよく話題にされた。作品の一部を学生に見せて、材質や流派あるいは作者を学生に推測させるといったことはその一例である。

筆者が先生から受けた演習で忘れられないのは、エアハルト・シェーンによるデューラーの肖像木版画を先生が学生たちに見せられたとき、筆者が肖像画より銘文に熱心に見入っていたのに気づかれた先生から、下村君、作品に接するときはまず画像を見るものだ、君は最初から銘文を見ている、銘文は作品を熟視した後、画像をより良く理解するために読むものだよ、という旨の注意を受けたことである。

前川先生（以後著者と称す）が筆者に示した作品研究の基本姿勢は、大バッハからラヴェルに至るほぼ二〇〇年に亘る大作曲家の作品の真髄を、レコードの奏でる音から直に摑み取るという、七〇年を越える著者のレコード鑑賞の姿勢にまさに通じる。

永い鑑賞体験から本書で問題にされているのは、音楽史で通常行われているバロック音楽とクラシック音楽という呼称である。その問題点は、第一にバロック音楽が一七、一八世紀の音楽を総称する時代概念であるのに、クラシック音楽はハイドン、モーツァルト、ベートーヴェンの音楽の形式的特徴つまり様式を指す概念であること、第二に美術史では、ルネサンス美術というクラシック様式の時代が起点となり、その展開としてバロック美術が成立すると考えられているのに対して、音楽史ではその逆の立場、つまりバロックからクラシックが展開するという立場が取られていることである。その理由として著者は、美術史では古典ギリシアとローマ美術が創造した均斉美を規範とする美の概念がルネサンスで復活し、それがまた一八世紀末から一九世紀にかけてのフランスの新古典主義で再現されたが、その基本姿勢はあくまでも均斉美という様式であるのに対して、音楽史では古代ギリシア音楽やローマ音楽の実体が判らないので、そのような古典主義が成立しなかった事情を挙げる。

では音楽史におけるクラシック概念とはどのようなものであろうか。著者は音楽史におけるクラシック概念をソナタ形式に求める。ソナタは元来バロック音楽で声楽のカンタータに対する器楽を意味するが、ハイドンはこの器楽曲をソナタ形式と呼ばれる急緩急の三楽章からなる弦楽四重奏曲や交響曲にまで完成させた。ハイドンが確立したソナタ形式を骨格とする音楽がクラシックであり、ハイドン、モーツァルト、ベートーヴェンという系譜はソナタ形式の展開を示すものである。著者によればソナタ形式の確立を俟って初めて、絶対音楽、つまり音の構築で自己の思想や世界観を他者へ伝える音楽は成立したという。

著者は上記の考えから、ベートーヴェンの死によりクラシックは終焉を迎え、シューベルトでロマン派は始まるという一般的な見解に異議を呈する。つまりシューベルトの音楽構造はあくまでもソナタ形式であるので、彼の音楽は「後期クラシック」と呼ばれるべきであり、強いてクラシックとロマン派の相異を求めるとすれば、それはソナタ形式に盛られた感情や志操の違いにあると著者は主張する。これに関連して著者は、後期クラシックのシューベルト、メンデルスゾーンおよびシューマンの音楽が以前と同じ形式を用いいながら、それまでにない所謂《いわゆる》ロマン的な興趣を表現することができたのは、彼らが生きた「ビーダーマイヤー」と呼ばれる俗物的な社会が大いに関係することを強調する。

一般の音楽史に対する著者の異議は、リスト、ヴァーグナー、ブルックナー、マーラーにも及ぶ。彼らは一般に後期ロマン派と呼ばれているが、著者は彼らの音楽の本質を「ロマン派と言うより一世代以前の古典楽のバロック的展開」とみる。その理由は、ベートーヴェン晩年の作品、特にピアノソナタ「ハンマークラヴィア」はソナタ形式を維持しながらも、「アモルフな（定形のない）バロックへと展開を遂げ」ており、上記の音楽家はこの展開を継承し発展させたと著者が考えるからである。ここでバロックという言葉が用いられているのは、ミケランジェロがルネサンス美術のクラシック様式から出発しながら、晩年それを変容させ、それがマニエリスムを経てバロック美術の成立に大いに貢献したという美術史上の出来事が著者の念頭にあるからである。そのようなミケランジェロの役割を音楽史で演じたのがベートーヴェンの晩年作品であり、彼らロマン派の作曲家はベートーヴェン晩年の作品を研究し、それを自己のものにすることによって、ソナタ形式をバロック的に展開することができたというのが著者の主張である。

ではベートーヴェンとブラームスの関係を著者はどのように見るのか。それはブラームスの第一交響曲に関するハンス・フォン・ビューローの「ベートーヴェンの第十番」という評言に異議を呈して、「ベートーヴェンの《第九番（合唱）》とブラームスの《第一番》とは本質的に大きく異なった曲である。前者が《第九番》で切り開いた新しい音楽への道はリストやヴァーグナーたちによって継承されたが、後者はその道を辿ることをきっぱりと拒否して、自らの信じる世界の充実を図り、その外へ逸脱することはなかった」という著者の言葉に見られる。これを上記の「バロック的展開」と併せて考えると、著者の主張に説得力を感じることができる。

著者は、ブラームスが幕を引いたドイツ古典派の音楽伝統はドイツよりもむしろフランス、ボヘミア、スカンディナヴィア、ロシア等の国民楽派、特にフランク、ビゼー、サン＝サーンス、ドヴォルジャーク、グリーグ、シベリウス、チャイコフスキーに継承されたとみなし、彼らの音楽を論じるとともに、ドビュッシーとラヴェルを以て本書を閉じる。

本書は一気呵成に書かれた感じが強い。著者自身は「戯言」と謙遜するが、著者の音楽史への直言と名曲から受けた感動は読者に直に伝わる。本書を読んで先ず感銘を受けるのは、少年時に聴いたバッハのレコードが「七十年後の今も耳朶《じだ》から消え」ないという著者の感動の深さとその持続力である。それは本書に取り上げられた全ての曲についても言えよう。芸術的感性のこのような豊かさと鋭敏さが永年の錬磨を経て、一般の音楽史への批判と作曲家の芸術的本質へのかくも鋭い洞察となって本書で結実したことは言を俟たない。

著者は少年時に聴いたレコード音楽の感動から、レコードを「西方の息吹を遠くから搬《はこ》んでくる使者」と呼ぶ。筆者はこの呼称から背景として大正デモクラシーの自由な文化的雰囲気を想い、そのような環境のなかでロマンティックに西洋文化に憧れる一人の少年を想い描いた。著者の「アルト・ラプソディー」に関する叙述は、筆者の懐くこのような少年時の著者のイメージを強めてくれる。ブラームスが傷心の画家のためにゲーテの詩に曲を付したこの歌曲について、著者はドイツ語のゲーテの詩とその邦訳を示しながら、作曲の由来を格調高い名文で叙しているが、その調子が筆者にロマン的に感じられるからである。

以上記したように、本書は美術史家としての一般的音楽史観への新たな提案であるとともに、レコードを通しての音楽への愛の吐露であり、同時に我が国の西洋音楽受容としてのレコードの歴史を語る書でもある。

（美術史家・九州産業大学名誉教授）

本書の原本は『美術史家の音楽回廊』として二〇〇六年にグラフ社から刊行されました。なお学術文庫収録にあたっては二部構成となっている原本の「第一部」のすべてと「第二部」中の「ケーベル先生の音楽論」のみとし、記述中の音楽用語に適宜［　］の形で注を付しました。

前川誠郎（まえかわ　せいろう）

1920年京都市生まれ。東京帝国大学文学部美学美術史学科卒業。京都帝国大学，九州大学助教授，東京大学教授，国立西洋美術館長を歴任。東京大学名誉教授。デューラーおよび北方ルネサンス研究を専門とする。著書に『デューラー　人と作品』『日本の美術と世界の美術』，シリーズ「岩波美術館」などがある。2010年逝去。

講談社学術文庫

定価はカバーに表示してあります。

西洋音楽史《せいようおんがくし》を聴《き》く

バロック・クラシック・ロマン派《は》の本質《ほんしつ》

前川誠郎《まえかわせいろう》

2019年3月11日　第1刷発行

発行者　渡瀬昌彦
発行所　株式会社講談社
東京都文京区音羽 2-12-21 〒112-8001
電話　編集（03）5395-3512
販売（03）5395-4415
業務（03）5395-3615
装　幀　蟹江征治
印　刷　豊国印刷株式会社
製　本　株式会社国宝社
本文データ制作　講談社デジタル製作

ISBN978-4-06-515014-6

「講談社学術文庫」の刊行に当たって

これは、学術をポケットに入れることをモットーとして生まれた文庫である。学術は少年の心を養い、成年の心を満たす。その学術がポケットにはいる形で、万人のものになることは、生涯教育をうたう現代の理想である。

こうした考え方は、学術を巨大な城のように見る世間の常識に反するかもしれない。また、一部の人たちからは、学術の権威をおとすものと非難されるかもしれない。しかし、それはいずれも学術の新しい在り方を解しないものといわざるをえない。

学術は、まず魔術への挑戦から始まった。やがて、いわゆる常識をつぎつぎに改めていった。学術の権威は、幾百年、幾千年にわたる、苦しい戦いの成果である。こうしてきずきあげられた城が、一見して近づきがたいものにうつるのは、そのためである。しかし、学術の権威を、その形の上だけで判断してはならない。その生成のあとをかえりみれば、その根は常に人々の生活の中にあった。学術が大きな力たりうるのはそのためであって、生活をはなれた学術は、どこにもない。

開かれた社会といわれる現代にとって、これはまったく自明である。生活と学術との間に、もし距離があるとすれば、何をおいてもこれを埋めねばならない。もしこの距離が形の上の迷信からきているとすれば、その迷信をうち破らねばならぬ。

学術文庫は、内外の迷信を打破し、学術のために新しい天地をひらく意図をもって生まれた。文庫という小さい形と、学術という壮大な城とが、完全に両立するためには、なおいくらかの時を必要とするであろう。しかし、学術をポケットにした社会が、人間の生活にとってより豊かな社会であることは、たしかである。そうした社会の実現のために、文庫の世界に新しいジャンルを加えることができれば幸いである。

一九七六年六月

野間省一